PETIT COURS

MÉTHODIQUE

D'INSTRUCTION

A L'USAGE

DES ÉTABLISSEMENTS D'ÉDUCATION

HISTOIRE NATURELLE ÉLÉMENTAIRE

HISTOIRE
NATURELLE

ÉLÉMENTAIRE

PAR LEÇONS SUIVIES DE QUESTIONS

AVEC TABLEAUX SYNOPTIQUES

Par M. V. BOREAU

Auteur d'un *Cours complet d'histoire universelle*
et d'instruction

OUVRAGE APPROUVÉ PAR MGR. L'ARCHEVÊQUE DE PARIS ET PAR
NN. SS. LES ÉVÊQUES DE CHARTRES, DE GRENOBLE
ET DE SAINT-CLAUDE

Quatrième édition

PARIS

F. DIGONNAUX, ÉDITEUR

84, RUE BONAPARTE, 84

AVERTISSEMENT

En publiant un nouveau résumé d'histoire naturelle, je ne fais pas la critique de ceux qui existent. Les ouvrages classiques que je connais en ce genre ont tous véritablement beaucoup de mérite et de science ; mais ils sont ou trop profonds, ou remplis de sèches nomenclatures, plus utiles aux professeurs, comme thèmes, que profitables aux élèves, comme rudiments.

J'ai pensé qu'une petite histoire naturelle, très-élémentaire et soumise à une méthode simple, manquait à l'enseignement ; que, tout en profitant des observations et des découvertes des grands naturalistes modernes, il fallait, pour chaque partie de la science, des définitions en termes usuels, qui fussent en même temps des divisions et des explications, et que les mots techniques ne devaient être employés que quand ils étaient amenés naturellement par des explanations antérieures.

J'ai formé mon plan d'après ces vues, et je m'y suis sévèrement attaché dans l'exécution.

Ce *petit Cours élémentaire* est partagé en leçons simples, claires et de peu d'étendue, avec des paragraphes et des alinéas, précédés des titres généraux reproduisant les pensées les plus saillantes. Chaque leçon est suivie de questions dont les numéros correspondent aux paragraphes et aux alinéas.

Les leçons préliminaires, qui pourraient former un excellent tableau synoptique des principales sciences physiques, donnent une idée très-exacte des connnaissances essentielles qu'on doit acquérir pour étudier fructueusement l'histoire naturelle proprement dite.

Dans le cadre restreint que j'ai été obligé de me tracer, je n'a pu, autant que je l'aurais désiré, *spiritualiser* ce précis, en montrant l'action incessante de ce grand être qui n'a fait qu'ouvrir la main pour en laisser tomber tant de merveilles. Il ne faut pas oublier que de courts éléments d'histoire naturelle ne sont pas des dissertations sur la nature ; mais la pensée de Dieu a dominé toutes les miennes dans mes heures d'étude et de travail, et c'est à lui que je demande de répandre sa bénédiction sur ce livre, afin que, en donnant de bons principes aux élèves, il féconde en eux la science et la vertu.

HISTOIRE
NATURELLE
ÉLÉMENTAIRE

PREMIÈRE LEÇON PRÉLIMINAIRE

SCIENCES NATURELLES

§ 1. — Division des sciences naturelles et des corps.

Sciences naturelles. — Les sciences naturelles ont pour but l'étude et la connaissance de tous les objets de la création qui peuvent être pesés, touchés, vus ou sentis; c'est-à-dire de tous les êtres matériels, désignés sous le nom de *corps* et de *fluides*. — Ces sciences sont au nombre de six principales :

PHYSIQUE.
CHIMIE.

ASTRONOMIE . . . . . . { Astrologie.
{ Cosmographie.

MÉTÉOROLOGIE.

GÉOLOGIE . . . . { Géographie.
{ Hydrologie.
{ Orologie.

HISTOIRE NATURELLE { Minéralogie.
PROPREMENT DITE. . . { Botanique.
{ Zoologie.

Corps inorganiques et corps organiques. — Tous les corps que présente la nature, et dont s'occupent les sciences naturelles, forment deux classes : 1° la classe des corps *inorganiques*, ou dépourvus d'organes, qui comprend toutes ces sciences, excepté les deux dernières divisions de l'histoire naturelle proprement dite ; 2o la classe des corps *organiques*, ou pourvus d'organes, à laquelle appartiennent la botânique et la zoologie, c'est-à-dire les végétaux et les animaux.

On entend par *organes* des instruments au moyen desquels certains êtres naissent, croissent, se nourrissent, se développent et meurent.

§ 2. — Physique et propriété des corps.

Physique : — Corps, fluides, état des corps. — La physique a pour objet l'étude des propriétés générales des corps matériels que nous pouvons peser, toucher, voir ou sentir ; c'est-à-dire des *corps* pondérables et des *fluides* dépourvus de pesanteur.

Les *fluides* sont des agents qui ne résident dans aucune matière spéciale, et qui n'ont ni substance, ni étendue, ni poids, qui nous soient connus ; tels sont le *calorique*, l'*électricité*, le *magnétisme* et la *lumière*.

Les *corps* subissent trois états distincts : ils sont ou *solides*, ou *liquides*, ou *gazeux*. L'eau est le seul corps qui, selon la température de l'atmosphère, puisse offrir ces trois états.

Propriétés générales des corps. — Les *propriétés* générales des corps sont communes à tous, quel que soit leur état. Elles sont au nombre de quatre, savoir : l'étendue, l'impénétrabilité, la divisibilité, la mobilité.

L'espace occupé par un corps se nomme *étendue*. Cette propriété a trois dimensions : la longueur, la largeur et la profondeur, qu'on nomme encore épaisseur ou hauteur.

L'*impénétrabilité* est la propriété en vertu de laquelle deux corps ne peuvent occuper en même temps la même place.

La *divisibilité* est la propriété par laquelle un corps peut être divisé en une infinité de parties, jusqu'à ce qu'on arrive à une partie qu'on ne peut plus partager, et qu'on nomme *atome*. La matière se compose ainsi :

$$\text{MATIÈRE.} \quad \ldots \left\{ \begin{array}{l} \text{atome.} \\ \text{molécule.} \\ \text{particule.} \\ \text{corpuscule.} \\ \text{corps.} \end{array} \right.$$

La *matière* est une substance étendue et susceptible de toutes sortes de formes. — L'*atome* est la dernière partie de la matière qu'il soit possible de diviser. — Une réunion de plusieurs atomes forme les *molécules*, comme une réunion de molécules forme les *particules*. Ces dernières composent les *corpuscules*, ou petits corps, qui constituent les corps proprement dits.

La faculté que les corps ont de pouvoir être mis en mouvement et de passer d'un lieu dans un autre se nomme *mobilité*.

La persévérance des corps dans un état donné de mouvement ou de repos se nomme *inertie*.

§ 3. — Puissances qui agissent sur les corps.

Puissances, attraction, chaleur. — Certaines puissances, désignées sous le nom de *forces*, font éprouver aux corps une action appréciable, soit dans le repos, soit dans le mouvement.

Parmi les forces qui sollicitent les corps, il en est qui sont accidentelles, et d'autres qui agissent continuellement sur eux, et auxquelles il est impossible de les soustraire. Les dernières sont au nombre de deux : l'*attraction*, qui paraît une propriété inhérente à la matière, et la *force élastique* de la *chaleur*.

L'*attraction*, en général, est cette puissance par laquelle les corps sont portés ou tendent à se porter le uns vers les autres.

L'attraction de la matière se manifeste dans toutes les circonstances. On la nomme *gravitation, pesanteur* ou *attraction moléculaire*, suivant qu'on la considère dans les corps célestes, dans les corps terrestres ou dans les molécules voisines.

La *gravitation* est cette grande loi de la nature par laquelle toutes les molécules de la matière s'attirent mutuellement, avec une force proportionnelle à leurs masses, mais qui décroit à mesure que leurs distances augmentent. Ainsi c'est l'attraction du soleil sur les planètes qui produit leur mouvement de rotation autour de cet astre, et c'est l'attraction des planètes sur leurs satellites qui est la cause de la rotation de ces derniers.

— La *chaleur* existe dans tous les corps. Elle agit toujours comme force répulsive, et, par conséquent, elle tend à écarter les parties matérielles entre lesquelles elle agit. Les effets répulsifs de la chaleur ne se manifestent qu'à de très-petites distances et sur les molécules d'un même corps.

Magnétisme, lumière, électricité. — L'*aimant* naturel qui porte le nom de *pierre d'aimant*, est une espèce de mine de fer qui a la propriété d'attirer le fer à une distance très-sensible. — On distingue dans toute pierre d'aimant deux points où la force d'attraction a une énergie toute particulière : on appelle ces points les *pôles de l'aimant*.

— La cause inconnue des phénomènes produits par l'aimant se nomme *magnétisme*.

— La *lumière* est la cause de la vision, c'est-à-dire que c'est elle qui rend les objets visibles. La source d'où provient la lumière émane du soleil, des autres planètes et des étoiles; ce fluide se manifeste dans les corps en combustion, et dans quelques autres qui ont été soumis à l'action de la chaleur ou de l'électricité.

Les corps lumineux sont des corps qui ont la propriété d'agir à distance sur un de nos sens, à l'aide d'une matière subtile qui s'interpose entre eux et l'organe qui est propre à ce sens. Cette matière subtile est la *lumière*.

— Il est un autre agent matériel qui, répandu autour de nous, produit des phénomènes paraissant avoir quelques rapports avec ceux de la chaleur et de la lumière ; on le nomme *électricité* ou fluide électrique. Quoiqu'il joue un grand rôle, non-seulement dans la physique, mais encore dans les phénomènes chimiques et dans ceux de la nature, comme le tonnerre, cependant son action est bornée.

L'électricité est la propriété d'attirer les corps légers et de les repousser immédiatement après le contact.

Questions.

1. Qu'ont pour but les sciences naturelles ? — Quelles sont les principales ? — Qu'est-ce que les corps inorganiques et les corps organiques ? — Qu'entend-on par organes ?

2. Quel est l'objet de la physique ? — Quels états subissent les corps ? — Quelles sont les propriétés générales des corps ? — Expliquez ces mots : matière, atome, molécule, particule, corpuscule, corps.

3. Nommez les forces qui agissent continuellement sur ·les corps. — Qu'est-ce que l'attraction ? — Qu'est-ce que la gravitation ? — La chaleur existe-t-elle dans tous les corps ? — Qu'est-ce que l'aimant ?—Qu'est-ce que la lumière et quelle est sa source ? — Quel agent produit des effets analogues à ceux de la chaleur et de la lumière ? — Qu'est-ce que l'électricité ?

2ᵉ LEÇON PRÉLIMINAIRE

SUITE DES SCIENCES NATURELLES

CHIMIE ET ASTRONOMIE

§ 1. — Chimie.

Chimie, attraction moléculaire, affinité. — La *chimie* est une science qui a pour objet la connaissance de la composition intime des corps et des combinaisons variées qu'ils peuvent former entre eux.

— Tous les corps qui composent la matière de notre globe sont divisés en corps *simples* et en corps *composés*.

Les premiers, appelés aussi *éléments*, n'ont pu être décomposés par les moyens que la science possède; ils ne renferment qu'une même espèce de molécules.

Les seconds sont ceux qui sont produits par la réunion de plusieurs espèces de molécules ou de particules de différente nature.

Les molécules des corps sont réunies entre elles par une certaine force que l'on nomme *attraction moléculaire*.

L'*affinité* est proprement la disposition qu'ont les substances à s'unir.

Corps simples et leur division. — Les corps simples, ou mieux indécomposés, sont au nombre de 61; ils se divisent en deux classes, savoir : en *corps non métalliques* ou métalloïdes, et en *corps métalliques* ou métaux. Cette division est fondée principalement sur la propriété qu'ont les corps de conduire ou non le calorique et l'électricité. Cette faculté n'existe pas dans les corps de la première classe ; mais elle est développée à des degrés différents dans ceux de la deuxième.

PREMIÈRE CLASSE

Les corps non métalliques ou métalloïdes sont au nombre de 13, savoir :

1. Oxygène.	6. Sélénium.	11. Iode.
2. Hydrogène.	7. Bore.	12. Fluor.
3. Carbone.	8. Azote.	13. Silicium.
4. Phosphore.	9. Chlore.	
5. Soufre.	10. Brome.	

Plusieurs chimistes rangent l'arsenic et le tellure parmi les métalloïdes (1).

DEUXIÈME CLASSE.

Les corps métalliques ou métaux sont au nombre de 48, savoir :

MÉTAUX TERREUX ET ALCALINS

1. Aluminium.	4. Zirconium.	7. Barium.	10. Lithium.
2. Yttrium.	5. Magnésium.	8. Strontium.	11. Potassium.
3. Thorium.	6. Glucinium.	9. Calcium.	12. Sodium.

MÉTAUX PROPREMENT DITS

13. Fer.	22. Arsenic.	31. Plomb.	40. Iridium.
14. Manganèse.	23. Titane.	32. Mercure.	41. Rhodium.
15. Zinc.	24. Urane.	33. Colombium.	42. Ruthenium.
16. Cadmium.	25. Cuivre.	34. Cérium.	43. Lanthane.
17. Etain.	26. Tellure.	35. Argent,	44. Didyme.
18. Tungstène.	27. Antimoine.	36. Or.	45. Erbium.
19. Molybdène.	28. Bismuth.	37. Platine.	46. Terbium.
20. Chrome.	29. Nickel.	38. Osmium.	47. Niobium.
21. Vanadium.	30. Cobalt.	39. Palladium.	48. Tantale.

(*Voyez* la leçon 2° de la Minéralogie.)

---

(1) Entre ces savants, nous devons signaler M. V. Regnault, ingénieur en chef des mines, professeur au Collége de France et à l'Ecole polytechnique, et membre de l'Académie des sciences.

§ 2. — Astronomie.

Astronomie, étoiles fixes, étoiles errantes. — On nomme *astronomie* la science qui traite de la position des astres, de leurs mouvements, de leurs phases, de leurs révolutions, de leur forme, de leur volume, de leurs distances entre eux et des lois qui les régissent.

Les astres se divisent naturellement en *étoiles fixes* et en *étoiles errantes*.

— Les *étoiles fixes* sont de grands corps sphériques lumineux par eux-mêmes, gardant toujours entre eux la même position relative, et dont le diamètre est inappréciable. — Cela provient de ce qu'elles sont séparées par des distances incommensurables. On pourra juger de la distance des étoiles en considérant que le rayon lumineux qui frappe nos yeux a mis plus de trois ans à nous parvenir, et a traversé plus de 300,000 kilomètres par seconde.

On comprend sous la dénomination d'*étoiles errantes* les planètes, les satellites ou lunes, et les comètes, parce qu'elles occupent successivement différents points du ciel, au milieu duquel elles paraissent errer.

Planètes et satellites. — Les *planètes* sont des corps lumineux qui empruntent leur lumière au soleil. — Ces étoiles se meuvent autour du soleil dans une orbite elliptique, et occupent par conséquent différents points de la voûte céleste. On compte aujourd'hui treize planètes principales. Deux de ces planètes, Mercure et Vénus, sont appelées *inférieures*, parce que leurs orbites se trouvent placées entre la terre et le centre commun; Mars, Jupiter, Saturne, Uranus sont des planètes, *supérieures*, parce que leurs mouvements se font dans des orbites placées au-delà de l'orbe terrestre.

Les mouvements de tous ces corps se font tous d'occident en orient. Ils ont en outre un mouvement de rotation sur leur axe qui les renfle à l'équateur et les aplatit aux pôles.

— Les *satellites* sont des planètes secondaires qui tournent autour des planètes principales. — Elles ont par conséquent un triple mouvement : le mouvement sur leur axe, le mouvement autour de la planète dont elles dépendent, et le mouvement autour du soleil, qu'elles accomplissent en suivant cette planète.

Plusieurs satellites se meuvent autour d'une même planète. Ainsi on observe autour de Jupiter quatre satellites qui l'accompagnent sans cesse, on en voit sept autour de Saturne, et six autour d'Herschell ou Uranus. La Terre n'a qu'un satellite, c'est la Lune.

Comètes. — Les *comètes* sont des corps célestes qui se meuvent comme les planètes autour du soleil, mais qui en diffèrent essentiellement par la diversité de leurs mouvements, qui se font dans tous les sens et dans des ellipses excessivement allongées, ce qui fait que nous cessons de les voir pendant un long espace de temps. — Il en est quelques-unes qui ne font jamais qu'une apparition dans notre système planétaire. On les distingue en général par leur queue vaporeuse et diaphane. Cette queue ou traînée lumineuse s'accroît à mesure que la comète s'approche du soleil. Leurs figures sont très-variables ; ainsi la comète observée en l'an 400 après N.-S. J.-C. avait la forme d'une épée, et celle qui parut en 1744 avait six queues disposées en éventail. Les comètes, comme tous les corps célestes de notre univers, obéissent aux lois de la gravitation.

Sciences qui se rattachent à l'astronomie. — A la science de l'astronomie se rattache l'*astrologie*, proprement science des astres, de leurs noms et de leur position. — On donne aussi ce nom à une science chimérique qui considère la qualité et la vertu des signes et des planètes, avec leurs prétendus effets sur les corps.

L'astrologie *naturelle* est l'art de prédire les effets naturels, tels que les changements de temps, les vents, les tempêtes.

L'astrologie *judiciaire* était cette science vaine et ridicule par laquelle on prétendait prédire l'avenir en observant les astres.

La *cosmographie*, qui dépend aussi de l'astronomie et dont le nom pourtant est plus vaste, car il signifie *description du monde entier*, est la science qui traite de la situation, de la grandeur et de la figure de l'univers.

Questions.

1. Qu'est-ce que la chimie? — Comment divise-t-on les corps? — Qu'est-ce que les éléments? — Qu'est-ce que l'attraction moléculaire et l'affinité? — Comment divise-t-on les corps simples? — Nommez ces corps.

2. Qu'est-ce que l'astronomie? —Comment divise-t-on les astres? — Qu'est-ce que les étoiles fixes? — Que comprend-on sous la dénomination d'étoiles errantes ?— Qu'est-ce que les planètes? — Qu'est-ce que les planètes inférieures et les planètes supérieures? — Qu'est-ce que les satellites? — Qu'est-ce que les comètes? — Qu'entend-on par astrologie? astrologie naturelle? astrologie judiciaire? — Qu'est-ce que la cosmographie?

3ᵉ LEÇON PRÉLIMINAIRE

SUITE DES SCIENCES NATURELLES

MÉTÉOROLOGIE ET GÉOLOGIE

§ 1. — Météorologie.

Météorologie, air atmosphérique. — La *météorologie* est une science qui s'occupe d'étudier et d'expliquer les phénomènes qui se présentent accidentellement au milieu de l'atmosphère.

L'*air*, ce fluide élastique qui environne notre globe et qui forme autour de lui une couche de soixante kilomètres, est un mélange d'azote et d'oxygène dans la proportion de 79 à 21 en volume, c'est-à-dire que l'air est composé de 79 parties d'azote et de 21 d'oxygène. Il contient de plus une certaine quantité d'acide carbonique, de vapeur d'eau, beaucoup de matières accidentelles et une foule d'émanations diverses, telles que l'arome des fleurs, les miasmes des animaux, etc.

— L'air est un fluide transparent, invisible, inodore, sans saveur, pesant, compressible et jouissant d'une grande élasticité ; il est 770 fois environ plus léger que l'eau. — La température la plus élevée, comme le froid le plus intense, ne peut le décomposer. L'air est essentiellement nécessaire à la vie des animaux à cause de l'oxygène, ce principe vivifiant, qu'il contient ; l'acte par lequel nous prenons dans l'air ce gaz se nomme respiration, et l'organe chargé de cette fonction est le poumon. C'est aussi à cause de l'oxygène dont il est chargé que l'air active la combustion.

Atmosphère, température de l'air. — L'*atmosphère* (sphère de vapeurs) est cette épaisse enveloppe de gaz qui s'agite en tout sens autour de la terre, en même temps qu'elle la suit dans son mouvement orbitaire.

La chaleur de l'air doit être attribuée à l'action de trois causes principales. La première de ces causes qui est constante, est la chaleur propre dont Dieu a pourvu le globe terrestre à son origine, et qui ne s'est point entièrement perdue par le refroidissement; la seconde, également constante, est la chaleur propre à l'espace au milieu duquel roule notre globe. La troisième cause, sujette à des variations, vient de l'exposition différente des points de la surface du globe aux rayons solaires. La température de l'air varie aux diverses époques de l'année et aux différentes heures de la journée.

§ 2. — Géologie.

Géologie, division de la terre considérée dans son ensemble. — La géologie est une science qui a pour objet la connaissance de la structure et de la composition intérieure de la terre. Elle s'occupe aussi de l'étude des causes des tremblements de terre et des éruptions volcaniques.

La Terre, considérée dans son ensemble, peut se diviser en trois parties principales : 1º la partie centrale ou masse interne; 2º l'enveloppe solide ou écorce minérale qui recouvre immédiatement la partie intérieure; 3º l'enveloppe liquide ou la masse des eaux qui constituent les mers, et qui couvrent près des trois quarts de la surface du globe. L'écorce minérale est très-mince par rapport au diamètre de la terre.

L'enveloppe solide du globe se compose d'un grand nombre de substances différentes. Il résulte de leur examen approfondi que la surface de la terre n'a pas été toujours la même et qu'elle a été modifiée à diverses reprises par des bouleversements. On demeure ainsi convaincu que la formation des masses minérales dont se compose la croûte solide du globe, a été successive et souvent interrompue.

Roches et terrains. — Les substances minérales qui sont réunies en grandes masses s'appellent *roches*, et l'on donne le nom de *terrains* aux diverses réunions de roches qui paraissent s'être formées dans les mêmes circonstances.

Les terrains se divisent en deux grandes classes, savoir : les *terrains plutoniens* ou *ignés*, et les *terrains neptuniens* ou de *sédiment*.

Les *terrains plutoniens* sont ainsi nommés de ce que les matières dont ils se composent ont été soulevées de l'intérieur du globe par les forces d'expansion que développe la chaleur souterraine.

Les *terrains neptuniens* sont ainsi nommés parce qu'ils paraissent avoir été déposés et nivelés par les eaux. Ils ont, en général, une texture grossière ou compacte, mais rarement cristalline; ils se composent de couches régulièrement stratifiées, c'est-à-dire disposées parallèlement l'une sur l'autre : c'est ce qui leur a fait donner aussi le nom de *stratifiés*.

Groupes des terrains plutoniens. — Les *terrains non stratifiés*, appelés aussi terrains plutoniens ou terrains massifs, forment deux groupes, savoir :

1º Les *terrains d'épanchement*, qui se composent en grande partie de roches compactes à structure cristalline.

2º Les *terrains pyrogénes* ou *volcaniques*, qui sont évidemment le produit d'une fusion ignée et ont souvent une grande ressemblance avec les substances minérales qui ont été fondues par l'action de la chaleur.

Groupes principaux des terrains neptuniens, ou stratifiés, ou de sédiment. — Les terrains neptuniens forment cinq groupes principaux qui sont :

1o Les *terrains modernes* ou *post-diluviens* qu'on trouve au-dessus de toutes les autres couches, qui se sont formés postérieurement aux dernières grandes révolutions du globe.

2o Les *terrains tertiaires*, qui se trouvent au-dessous des terrains modernes lorsqu'ils sont en contact avec eux, et qui se sont formés après que le globe était déjà peuplé d'animaux et de végétaux, appartenant à toutes les classes existantes, mais dont les espèces sont généralement perdues.

3o Les *terrains secondaires* ou *ammonéens*, qui sont inférieurs à ceux dont nous venons de parler, et qui contiennent des débris d'êtres organisés, différant de ceux qui existent aujourd'hui, tels que de grands reptiles, des bélemnites, des ammonites, etc.

4o Les *terrains de transition* ou *hémilysiens*, qui, situés au-dessous des précédents, ne renferment plus de débris d'animaux vertébrés, mais en général des animaux aquatiques et des végétaux bien différents de ceux qu'on trouve dans les couches supérieures.

5o Les *terrains stratifiés primordiaux* ou *primitifs*, qui, ainsi que les dernières couches des terrains de transition, paraissent avoir été formés par voie de cristallisation, et dont le caractère distinctif est de ne renfermer aucune espèce de débris de corps organisés. Ces terrains sont souvent confondus avec les terrains plutoniens inférieurs, sous le nom commun de *terrains primitifs*, parce qu'ils forment la base de la portion connue de l'écorce du globe; mais il est important de les différencier.

Sciences qui se rattachent à la géologie. — La géologie comprend la *géographie*, l'*hydrologie*, et l'*orologie*.

La *géographie* est la description de la surface du globe terrestre, c'est une science qui enseigne la position respective des diverses parties de la terre.

L'*hydrologie* traite des différents cours d'eau, de leur nature, de leurs propriétés et des accidents qu'ils présentent, soit au sein de la terre, soit à sa surface.

L'*orologie* est une science qui a pour objet l'étude des hauteurs qui hérissent la surface du globe, de leur élévation, de leur forme et de leur composition.

Questions.

1. Qu'est-ce que la météorologie? — Qu'est-ce que l'air atmosphérique? — De quels gaz l'air est-il composé? — Qu'est-ce que l'atmosphère? — Que savez-vous de la température de l'air?

2. Qu'est-ce que la géologie? — — Quelle est la division de la terre, considérée dans son ensemble? — De quoi se compose l'enveloppe solide du globe? — Qu'est-ce que les roches? — Comment divise-t-on les terrains? — Quels sont les groupes des terrains plutoniens? — Expliquez les groupes des terrains plutoniens. — Quels sont les groupes principaux des terrains neptuniens? — Expliquez les groupes des terrains neptuniens. — Quelles sont les sciences qui se rattachent à la géologie? — Qu'est-ce que la géographie? l'hydrologie? l'orologie?

HISTOIRE NATURELLE

PROPREMENT DITE

PREMIÈRE PARTIE

MINÉRALOGIE

LEÇON I

IDÉE GÉNÉRALE DE L'HISTOIRE NATURELLE ET COMMENCEMENT DE LA MINÉRALOGIE

§ 1. — Histoire naturelle proprement dite et ses divisions.

Définition de l'histoire naturelle proprement dite. — L'histoire naturelle proprement dite a pour but l'étude de tous les objets qui sont à la surface de la terre et de quelques autres similaires que l'on retire de son sein, d'après leurs caractères extérieurs et apparents.

L'histoire naturelle, dans son acception la plus étendue, devrait comprendre l'étude de la forme, de la structure et des manières d'être de tous les corps de la nature, considérés en particulier; mais on est convenu de restreindre le domaine de cette science à l'état des êtres soit bruts, soit vivants, que nous pouvons observer à la surface ou dans l'intérieur du globe terrestre.

Règnes et divison de l'histoire naturelle. — Tous les êtres, que Dieu a répandus sur la terre ou renfermés dans son intérieur, ont été divisés par les anciens naturalistes en trois grandes classes, appelées *règnes*. Ces trois règnes sont : le *règne minéral*, le *règne végétal* et le *règne animal*. Les minéraux sont des êtres bruts ou privés de vie; — les végétaux sont des êtres vivants, mais dépourvus de sensibilité et de mouvement volontaire; — les animaux sont des êtres vivants, qui sentent et se meuvent à leur gré.

L'histoire naturelle se partage en trois branches principales, qui correspondent à ces trois divisions, savoir : la *minéralogie*, la *botanique* et la *zoologie*.

Les végétaux et les animaux forment deux séries d'êtres qui, vers leurs extrémités semblent se confondre ; les caractères distinctifs des deux règnes finissent par s'effacer insensiblement, de sorte qu'il est des corps que l'on peut rapporter à l'un ou à l'autre avec le même degré de probabilité. Aussi, comme nous l'avons dit dans la première leçon préliminaire, ne fait-on que deux classes de tous les corps que présente la nature : celle des corps *organiques*, qui comprend les végétaux et les animaux; et celle des *corps inorganiques*, qui embrasse toute la nature brute.

§ 2. — Minéralogie. — Des minéraux et de leur caractère.

Minéralogie, formation des minéraux. — La minéralogie a pour but l'histoire de chaque minéral, celle de ses variétés et des indications propres à les réunir en familles, en genres, en sous-genres et en espèces, afin d'arriver plus aisément à leur connaissance.

Les minéraux sont les corps qui composent la masse solide du globe et qui sont formés de particules toutes semblables entre elles, jointes par simple juxtaposition, en vertu de la force d'attraction, et pouvant se réunir toutes les fois qu'elles se trouvent en contact. Ces corps peuvent, à la rigueur, avoir une croissance et une durée indéfinies; et, si une cause extérieure vient à séparer leurs parties, chacune d'elles, prise isolément, sera encore un corps entier, existant de la même manière que le tout primitif.

Des caractères des minéraux. — Pour distinguer les substances minérales, il faut connaître leurs apparences extérieures, leurs propriétés physiques et leurs propriétés chimiques. Ces signes divers qui nous servent à reconnaître les minéraux entre eux sont ce qu'on nomme les *caractères*.

Les apparences extérieures sont la couleur, l'aspect, la transparence, l'odeur, la saveur, le son. Ainsi le saphir est bleu, et le rubis rouge; le cristal de roche est transparent; l'arsenic enflammé répand une odeur d'ail ; le sel a une saveur très-connue ; l'argent et tous les métaux en général sont sonores.

Les propriétés ou caractères physiques des minéraux sont la pesanteur spécifique, la dureté, l'élasticité, la dilatabilité, la réfraction, les effets d'électricité et de magnétisme. Ainsi le plomb est plus pesant que le liége, le diamant est plus dur qu'aucun des autres minéraux, etc.

Les caractères chimiques sont ceux qui résultent de l'action des différents agents chimiques sur la substance minérale soumise à l'examen, et qu'on ne peut observer sans altérer plus ou moins la nature de celle-ci; les agents que l'on emploie ordinairement sont le calorique, l'eau, les acides et quelques sels.

§ 3. — Classification générale des minéraux.

CORPS inorganiques.	CARACTÈRES.	CLASSES.	ESPÈCES.
Atmosphérique.	A l'état aériforme ou gazeux.	GAZ.	Oxygène. Hydrogène. Azote. Acide carb^e, etc.
Terrestres formant la croûte solide du globe, ou minéraux proprement dits à l'état solide ou liquide.	Métalliques ne renfermant ni terres ni acides, doués naturellement de l'éclat métallique ou pouvant l'acquérir, ayant une couleur propre, étant très - denses, le plus souvent opaques, même à l'état cristallin, et tous solides, à l'exception du mercure, ...	MÉTAUX	Platine. Or. Argent. Fer. Cuivre. Plomb. Zinc. Bismuth. Arsenic. Antimoine. Etain. Cobalt. Manganèse. Chrome, Mercure.
	Combustibles non métalliques, brûlant presque tous avec flamme, n'ayant ni éclat, ni couleurs métalliques.	COMBUSTIBLES.	Diamant. Houille. Tourbe. Bitume. Lignite. Succin, Anthracite. Graphite. Soufre, etc.
	Renfermant toutes les substances non combustibles, et contenant des acides sans brillant métallique, renfermant des substances à l'état solide, mais jouissant d'un éclat vitreux dans les cristaux, et d'un aspect terreux dans les masses non cristallines	SELS.	Sel marin ou soude muriatée. Sel gemme. Sel de nitre ou potasse. Ammoniaque. Magnésie. Alumine ou alun.
		PIERRES.	Calcaires. Quartz. Argiles, etc.
	Ayant fait partie de corps organisés. . .	FOSSILES	Pétrifications. Arborisations ou dendrites.

Le mot **CORPS** est imprimé verticalement à gauche du tableau.

Questions.

1. Quel est le but de l'histoire naturelle proprement dite ? — Qu'entend-on par règnes ? — En combien de branches principales divise-t-on l'histoire naturelle ?

2. Quel est le but de la minéralogie ? — De quoi sont formés les minéraux ? — Comment distingue-t-on les substances minérales ? — Quelles sont les apparences extérieures des minéraux ? — Quelles sont les propriétés physiques des minéraux ? — Quels sont les caractères chimiques ?

3. Expliquez la classification des minéraux.

LEÇON II

SUITE DE LA MINÉRALOGIE

§ 1. — Gaz.

Principaux gaz. — Les gaz sont des fluides aériformes qui conservent leur élasticité à toutes les températures. Ils se laissent traverser par la lumière et sont invisibles; on peut cependant les transvaser et les peser. Les principaux sont l'*oxygène*, l'*hydrogène*, l'*azote* et l'*acide carbonique*.

Oxygène. — L'oxygène est le principe de la vie des êtres et en particulier de l'homme et des animaux; il est nécessaire à notre respiration; nous périssons quand il nous manque; c'est l'*air vital*. Il est en outre l'agent de la combustion; il alimente la flamme et développe, en brûlant les corps, le calorique qu'ils renferment. Son dégagement des corps ou sa combinaison avec eux produit de nombreux phénomènes, et notamment ceux de la lumière et de la chaleur; il change leurs formes et leurs propriétés. Il est très-répandu dans la nature; on le trouve dans l'air atmosphérique, dans l'eau, dans un très-grand nombre de substances; mais jamais il n'y est pur; il s'y combine souvent avec d'autres gaz. Il est en abondance dans l'air que nous respirons et dans la proportion de 21 à 79. On l'obtient artificiellement en distillant de l'oxyde rouge de mercure, de l'oxyde de manganèse ou du chlorate de potasse.

Hydrogène. — L'hydrogène est l'élément principal de l'eau. Treize fois plus léger que l'air atmosphérique, il tend toujours à s'élever et peut enlever avec lui des corps pesants; c'est le gaz hydrogène que l'on renferme dans les aérostats. A l'état de pureté ce gaz est inodore, incolore, sans saveur, et impropre soit à la combustion, soit à la respiration; mais combiné à de petites quantités de carbone ou même à l'air libre, il s'enflamme et brûle, et sert à l'éclairage. Ce gaz est uni à toutes les substances qui contiennent de l'eau.

Quand l'hydrogène se combine par une opération rapide avec l'oxygène, les deux gaz, abandonnant tout à coup leur calorique, dégagent, souvent avec explosion, de la chaleur et de la lumière. Cette combinaison, opérée dans les airs par l'électricité, produit, à ce que l'on pense, les orages avec éclairs et bruit de tonnerre.

Azote. — L'azote ou gaz impropre à la vie des animaux compose, avec l'oxygène, l'air atmosphérique. Il en constitue les quatre cinquièmes environ. Les hommes ou les animaux, forcés de ne respirer que ce gaz, mourraient bientôt étouffés; mais l'acte de la respiration sépare ces deux gaz; l'oxygène seul est aspiré, tandis que nous rejetons l'azote. Toutefois l'azote expulsé par les animaux est aspiré par les plantes, et sert à leur développement. Dans la nature, il est toujours combiné avec l'oxygène.

Acide carbonique. — L'acide carbonique est un gaz résultant de la combinaison de la substance élémentaire, nommée carbone, avec l'oxygène. Il se trouve dans l'air que nous respirons, dans la proportion d'un centième, dans les eaux minérales et les liqueurs fermentées; dans ces deux dernières hypothèses, il est à l'état liquide, le plus souvent il est combiné avec des terres et des alcalis, et forme des sels et des pierres; il est désigné alors sous le nom d'*air fixe*, d'*acide crayeux*, d'*acide aérien*.

Ce gaz existe dans quelques cavités souterraines,

dans les charbonnières, dans les cuves, les brasseries partout où fermentent des matières animales. Il est incombustible et donne la mort aux animaux qui le respirent; mais il sert éminemment à la végétation des plantes qui en séparent le carbone qu'elles s'assimilent. L'acide carbonique est plus pesant que l'air, et peut se transvaser d'un vaisseau à l'autre comme les liquides. Il est soluble dans l'eau.

§ 2. — Des minéraux au sein de la terre. — Division des métaux.

Minerais, mines. — On appelle *minerais* les différents métaux que l'on retire du sein de la terre, et qui se trouvent recouverts le plus souvent d'une croûte pierreuse ou terreuse nommée *gangue*.

Les *mines* sont des trous profonds creusés dans la terre pour en extraire les minéraux.

Couches, amas, filons, veines. — Les *couches* sont des masses minérales très-étendues en longueur et en largeur, mais limitées dans le sens de leur épaisseur par deux grandes facés parallèles. Lorsque ces couches sont très-épaisses, elles prennent le nom de *bancs*.

Les *amas* sont des masses minérales irrégulières, ordinairement de forme ovale, qui se distinguent des couches, en ce qu'elles ne présentent pas une épaisseur à peu près constante dans toute leur étendue.

Les *filons* sont des amas de matières minérales qui coupent dans tous les sens les couches des terrains qui les renferment, et dont la composition diffère de celle des masses environnantes; leur tête est le côté qui touche la terre. Leur grandeur et leur épaisseur sont très-variables. Les uns n'ont qu'une longueur de deux ou trois mètres sur quelques millimètres d'épaisseur, tandis que d'autres ont une étendue de plusieurs myriamètres.

Les *veines* sont de véritables filons en petit.

Cristaux, stalactites, stalagmites, métaux et leurs divisions. — On appelle *cristaux* des minéraux qui sont configurés régulièrement et symétriques dans toutes leurs parties. Un grand nombre de minéraux se rencontrent à l'état de cristaux dans le sein de la terre, le diamant, par exemple, est le plus pur des cristaux.

On nomme *stalactites* des espèces de cristaux allongés et déliés, semblables aux aiguilles de glace qui se forment l'hiver au bord de nos toits. Ce sont des concrétions pierreuses qui se font au moyen de l'eau, aux voûtes des grottes et des souterrains.

Les *stalagmites* sont des concrétions qui se présentent comme des incrustations, ou de petits mamelons.

Les *métaux* sont des substances minérales qui se trouvent le plus souvent dans les entrailles de la terre. Ils sont pesants, opaques, brillants, malléables, fusibles, sonores, élastiques.

Pour mieux distinguer les métaux, nous les diviserons : 1º en métaux *durs*; 2º en métaux *mous*; 3º en métaux *cassants*; 4º en métaux plus particulièrement *colorants*; 5º en un métal *liquide*.

Les chimistes modernes comptent aujourd'hui jusqu'à vingt et un métaux principaux, qu'ils ont classés d'après leur acidification, leur oxydation et leur ductilité.

Questions.

1. Qu'est-ce que les gaz ? — Nommez les principaux gaz. — Que savez-vous de l'oxygène? — De l'hydrogène ? — Quel effet produisent l'oxygène et l'hydrogène combinés? — Que savez-vous de l'azote et de l'acide carbonique?—Avec quoi se combine l'acide carbonique ?—Où existe-t-il ?

2. Qu'entend-on par minerai ? — par gangue ? — par mine ?— par amas? — par filon ? — par veine? — Qu'appelle-t-on cristaux ?— Qu'est-ce que les stalactites? — Les stalagmites? — Les minéraux? — Comment les distingue-t-on? — Combien les chimistes modernes en comptent-ils ?

LEÇON III

SUITE DE LA MINÉRALOGIE

MÉTAUX DURS

§ 1. — Le platine.

Métaux durs. — Définition du platine. — Propriétés et découverte du platine. — Lieux où il se trouve. — Les métaux durs sont : le *platine*, l'*or*, l'*argent*, le *fer*, le *cuivre* et le *zinc*.

— Le platine est un métal malléable, peu dilatable, infusible au feu de forge, inaltérable à l'air, et ne se laissant dissoudre que par l'eau régale. Sa couleur est blanche, brillante, analogue à celle de l'argent. — C'est ce qui lui a fait donner le nom de platine, du mot espagnol *plata*, qui veut dire argent. C'est le plus pesant de tous les métaux ; sa densité est 21 fois celle de l'eau. Il se réduit en feuilles très-minces, et se tire en fils d'une ténuité excessive. Il est susceptible de recevoir un beau poli et de conserver longtemps son éclat.

Le platine a été découvert en 1735 et apporté de la Jamaïque en Savoie pour la première fois en 1741. Jusqu'à ces derniers temps, il n'avait encore été trouvé qu'en Amérique, dans la Nouvelle-Grenade, au Brésil, à Saint-Domingue et dans une mine d'argent de Guadalcanal en Espagne ; mais, en 1823, il a été rencontré dans les monts Ourals en Russie.

§ 2. — L'or.

Propriétés de l'or, mines principales, orpailleurs. — L'or, métal d'une belle couleur jaune, est d'une malléabilité et d'une densité considérables. C'est, après le platine, le plus pesant de tous les métaux : il pèse 19 fois autant que l'eau ; sa ténacité est telle qu'un fil d'or de 3 millimètres de diamètre soutient, sans se rompre, un poids de 250 kilog.

L'or se trouve dans des couches en amas de roches solides appartenant aux terrains primitifs et dans les sables de rivières.

L'Amérique est encore le pays qui fournit la plus grande quantité d'or, surtout dans la Californie.

L'Afrique et l'Asie ont également des mines et des lavages d'or considérables. En Afrique, le sable d'or est une branche de commerce pour les Nègres. Ils l'apportent, pour le vendre, dans des tuyaux de plumes d'autruche et de vautour. C'est dans l'Asie qu'on trouve le Pactole, rivière fameuse dans l'histoire ancienne pour ses sables d'or. L'Europe possède peu de mines d'or en exploitation. Les plus importantes sont celles de Hongrie et de Transylvanie. On exploite maintenant avec avantage les sables étendus sur la pente de l'Oural, en Russie.

Plusieurs rivières de France charrient des paillettes d'or. Nous citerons entre autres l'Ariége, le Gardon, le Rhône, le Rhin, aux environs de Strasbourg, la Garonne et l'Hérault.

Les hommes qui s'occupent uniquement à recueillir ces paillettes d'or se nomment *orpailleurs*.

§ 3. — L'argent.

Propriétés de l'argent, lieux où on le trouve. — L'argent est un métal, pesant dix fois et demie autant que l'eau ; sa couleur est blanche, très-brillante ; il est susceptible d'être réduit en fils d'une grande finesse ; il se laisse couper et limer avec facilité, ne fond qu'à une haute température, ne se ternit pas dans l'air pur, et se dissout même à froid dans l'acide nitrique. On trouve l'argent à l'état natif, sous la forme de filaments contournés, et quelquefois en masses ou blocs assez considérables ; on le trouve encore disséminé en particules imperceptibles dans des matières terreuses qui remplissent les fissures des filons argentifères. Il ne faut pas croire que l'argent natif ait le brillant de l'argent poli et travaillé, il est souvent recouvert d'un enduit sale et noirâtre qui le dépare.

L'argent natif n'est pas le seul minerai dont on retire ce métal précieux ; on le trouve aussi mélangé avec le soufre (argent vitreux), avec le chlore (argent corné), avec l'antimoine (argent rouge) : on l'extrait de ces divers minerais en le grillant et en le fondant.

L'Europe, l'Asie et l'Amérique possèdent un grand nombre de mines d'argent ; celles de l'Europe sont les moins importantes.

Les mines d'argent les plus riches dans le nouveau monde sont situées dans les Cordillères, principalement au Mexique, au Pérou et au Chili.

Questions.

1. Quels sont les métaux durs ? — Qu'est-ce que le platine ? — D'où vient ce mot ? — Quelles sont les propriétés du platine ? — Quand ce métal a-t-il été découvert ? — Où trouve-t-on les mines les plus considérables de platine ?

2. Qu'est-ce que l'or ? — Quelles sont les propriétés de l'or ? — Où se trouve l'or ? — Quels pays en renferment les mines les plus considérables ? — En trouve-t-on en France ? — Qu'est-ce que les orpailleurs ?

3. Qu'est-ce que l'argent ? — Quelles sont ses propriétés ? — Dans quel état le trouve-t-on ? Quelles sont les mines d'argent les plus riches ?

LEÇON IV

SUITE DE LA MINÉRALOGIE

MÉTAUX DURS

§ 1. — Le fer.

Propriétés du fer. — A quel état existe-t-il ? — Le fer est un des métaux le plus anciennement connus ; c'est celui dont l'industrie humaine retire le plus d'avantages, et qui se trouve le plus universellement répandu dans la nature. Le fer est d'un gris bleuâtre : il est difficilement fusible, à moins qu'on ne le chauffe à une température très-élevée ; mais il se ramollit fort aisément au feu de forge ordinaire, et peut prendre alors toutes sortes de formes. Sa ductilité est telle qu'on peut l'étendre au marteau en feuilles minces, et l'étirer à la filière, en fils aussi fins que des cheveux. Sa densité est sept fois celle de l'eau, et sa ténacité est extrême ; c'est cette dernière qualité qui le rend éminemment propre à la construction des ponts suspendus. Il jouit à un très-haut degré de la propriété magnétique.

Le fer à l'état natif se trouve dans la plupart des régions du globe. Il existe plus fréquemment à l'état d'oxyde ou de fer magnétique, à l'état d'hydrate ou de carbonate.

Minerais de fer, fonte, fer forgé. — Les minerais dont on tire ordinairement le fer se rapportent à quatre espèces : le fer *magnétique* ou oxydulé, le fer *oligiste* ou er oxydé rouge, le fer *hydroxydé* et le fer *spathiqué* ou carbonate de fer.

Ces différents minerais, après avoir été retirés du

ain de la terre, sont soumis à diverses opérations et
l'action du feu dans des fourneaux. Le premier pro-
it que l'on retire du minerai est la *fonte* ou *fer de*
euse, ou *fer coulé*, qui n'est autre chose qu'une com-
naison de fer avec une certaine quantité de charbon
d'oxyde. La fonte est très-cassante ; on l'emploie à
fabrication des boulets, des marmites et aux grandes
nstructions, telles que les chemins de fer. Le *fer*
gé se fait avec la fonte qu'on *affine* ou purifie en la
dant, et qu'on fait battre ensuite par de forts mar-
ux qui la façonnent en pièces plus ou moins grosses
nelées *barres*.

Le fer forgé est celui que l'on emploie dans les arts.
and il est *doux* et *liant*, comme celui qu'on appelle
du Berry, on le préfère pour la clouterie, pour la
e, etc.; lorsqu'il est dur et cassant, comme les fers
olais, on le réserve pour la fabrication des instru-
nts d'agriculture.

cier, différentes sortes d'acier. — L'acier, qui est le
isième produit des minerais de fer, se fabrique
munément avec le fer forgé, dont il diffère par
proportion plus forte de charbon, et par une plus
nde pureté.

n distingue plusieurs espèces d'acier : 1° l'*acier de*
entation, qui se fabrique en déposant des barres
fer forgé entre deux lits de poussière de charbon,
s des caisses de briques bien fermées, et que l'on
t longtemps à une haute température ; 2° l'*acier*
rel ou *d'Allemagne* : c'est le nom qu'on donne à
ains fers d'Allemagne ou à de la fonte grise que
a fait fondre ; 3° l'*acier fondu*: c'est celui que l'on
ique en faisant fondre de l'acier naturel ou de cé-
tation. C'est avec cet acier, qui reçoit un poli très-
ant, que l'on fait les rasoirs, les bijoux et les pa-
s d'acier ; c'est au moyen de la *trempe* que l'on

rend l'acier très-dur ou très-ductile. — La trempe est une opération qui consiste à plonger dans l'eau lentement ou très-vite l'acier qui sort de la forge, selon que l'on veut lui donner de la souplesse et de la dureté. Pour rendre à l'acier trempé sa ductilité, on lui fait subir le *recuit*, c'est-à-dire que, après l'avoir chauffé, on le laisse peu à peu se refroidir.

Plombagine, fer-blanc, riches mines de fer. — Quand beaucoup de charbon est allié au fer, on obtient du fer carboné ou de la *plombagine* ou crayon noir. On le nomme improprement mine de plomb; ses oxydes, notamment le vitreux et les paillettes de fer, sont d'un usage indispensable dans les arts. Le fer recouvert prend le nom de *fer-blanc*, et se trouve alors exempt de la rouille.

Les mines de fer les plus riches se trouvent en France, en Suède et en Angleterre. Cette dernière nation livre annuellement au commerce 125,000,000 de kilogrammes de fer.

§ 2. — Le cuivre.

Propriétés du cuivre, état dans lequel on trouve ce métal. — Le cuivre est un métal très-anciennement connu; sa couleur est d'un rouge orange. Il est extrêmement sonore, très-ductile, susceptible d'un très-beau poli, attaquable par les acides les plus faibles, et même par l'humidité de l'air qui le couvre d'un enduit vert, poison redoutable, connu sous le nom de *vert-de-gris*. On trouve le cuivre natif combiné avec le soufre; on l'appelle alors *pyriteux*; lorsqu'il est allié à l'arsenic, il prend le nom de *cuivre gris*. Uni avec les carbonates, il forme l'*azurite* et la *malachite*; cette dernière substance se trouve en dépôts très-considérables en Sibérie; on l'emploie à la fabrication de meubles et de petits ustensiles qui se vendent à un prix très-élevé.

On le trouve aussi oxydé et uni avec des acides ou des carbonates, comme dans le *cuivre phosphaté*, la *malachite*, le *muriate*, etc.

Tous les minerais de cuivre ont un caractère commun qui sert à les faire reconnaître; il consiste en ce que leur poussière, rougie sur une pelle à feu et projetée encore chaude dans l'eau-forte ou acide nitrique, communique une couleur verte à cette liqueur; en outre, si vous y trempez ensuite une lame de fer polie, vous la verrez se recouvrir d'une pellicule ou couche mince de cuivre.

Usage du cuivre. — Le cuivre est d'un usage fréquent dans les arts : on en fait de la monnaie, des médailles, des ustensiles, des chaudières, des alambics, des instruments à vent, etc.; aplati en lames, on l'emploie au doublage des vaisseaux. Lorsque ce métal est rouge, on le nomme *cuivre rouge* ou *rosette;* il forme un grand nombre d'alliages : uni au zinc, il constitue le *cuivre jaune*, le *laiton*, le *similor*, le *chrysocale*, l'*or de Manheim*. C'est avec ces alliages que l'on fait des cordes sonores ou fils de laiton, les galons faux, les rouages des machines d'horlogerie, etc.; allié à l'étain dans des proportions diverses et avec plus ou moins de zinc, il forme le *bronze* ou l'*airain*, dont on fait des cloches, des canons, des statues, etc.

Mines de cuivre. — La France ne possède que deux mines de cuivre, celle de Saint-Bel et celle de Chessy, près de Lyon; encore même la première n'est-elle plus exploitée. Les principales mines de cuivre se trouvent en Angleterre, en Sibérie, en Suède. Le Japon, le Mexique et le Chili en possèdent aussi d'assez importantes.

§ 3. — Le zinc.

Propriétés du zinc, état dans lequel on le trouve. — Le zinc est d'un blanc bleuâtre, d'une texture lamel-

leuse; il est ductile, fusible et susceptile de se réduire en vapeurs ; dans l'atmosphère, il brûle avec
une flamme très-brillante, ce qui fait qu'on l'emploie
dans la composition des feux d'artifice. Ce métal se
trouve dans la nature à l'état d'oxyde combiné avec la
silice, et on le nomme alors *calamine* ou *pierre cala-
minaire*; combiné avec le soufre, il s'appelle *blende*.
Le zinc s'emploie en lames minces pour des conduits
d'eau, des toits, des baignoires, etc. En contact avec
le cuivre, il développe le fluide électrique.

Questions.

1. Quelles sont les propriétés du fer ? — A quel état existe-t-il dans la plupart des régions du globe ? — Quels sont les principaux minerais de fer ? — Qu'est-ce que la fonte ? — Comment se fait le fer forgé ? — A quoi sert le fer du Berry ? — Qu'est-ce que l'acier ? — Quelles sont les différentes sortes d'acier ? — Qu'est-ce que la plombagine ? —Qu'est-ce que le fer-blanc ? — Principales mines de fer.

2. Qu'est-ce que le cuivre ? — Avec quelles combinaisons le trouve-t-on ? — Quel est le caractère des minerais de cuivre ? — Comment l'emploie-t-on dans les arts ? — Principales mines de cuivre ?

3. Quelles sont les propriétés du zinc ? — A quel état le trouve t-on ? — Qu'entend-on par calamine et blende ? — Quel est l'emploi du zinc ?

LEÇON V

SUITE DE LA MINÉRALOGIE

MÉTAUX MOUS

§ 1. — Le plomb.

Métaux mous. — Propriétés du plomb. — Les métaux mous sont le *plomb* et l'*étain*.

Le plomb est un des métaux les plus abondamment répandus dans la nature. Il est d'un blanc bleuâtre et assez éclatant, mais il se ternit facilement à l'air ; ce métal est si mou qu'il se laisse rayer par l'ongle et couper au couteau ; il est sans élasticité et sans sonorité, très-malléable. Il n'est guère susceptible d'être tiré en fils et est très-peu tenace ; il communique aux mains une odeur sensible ; il se fond à une chaleur modérée, et a une grande pesanteur spécifique. Il pèse onze fois et un tiers autant que l'eau, c'est-à-dire un peu plus que l'argent, mais beaucoup moins que le mercure, l'or et le platine.

Usage du plomb dans les arts. — Le plomb est employé à une foule d'usages à cause de la facilité avec laquelle il se laisse mouler, laminer et granuler : ainsi il sert, étendu en lames, à faire toutes sortes de conduits d'eau, des toits, des réservoirs, des tuyaux de pompe, des chaudières et des chambres à acide sulfurique. Allié à l'antimoine, il sert à faire les caractères d'imprimerie ; allié à l'étain, il produit la soudure des plombiers ; uni au zinc, il est employé pour faire des balles de fusil. Ses oxydes, tels que la céruse, le massicot, le minium, la litharge, entrent dans la fabrication du cristal flint-glass, et la peinture en fait un grand usage.

État dans lequel on trouve le plomb.—Mines de plomb.
— Le plomb se trouve rarement à l'état natif; le plus souvent il est combiné avec le soufre; c'est ce qu'on nomme la *galène* ou *sulfure de plomb*. Ce minerai, le seul qu'on exploite, présente en outre fort souvent de l'argent en quantité variable. Lorsque la galène contient une quantité considérable d'argent, il arrive alors qu'on l'exploite comme minerai de ce métal.

La France possède plusieurs mines de plomb en Bretagne, dans le département de la Lozère et dans le Dauphiné. Les premières sont les plus importantes: elles occupent 900 ouvriers et produisent annuellement 250,000 kilogrammes de plomb. Mais la quantité de plomb fournie par les mines de France est insuffisante pour subvenir aux besoins du commerce français qui est obligé d'en tirer la plus grande partie de l'Angleterre ou de l'Allemagne. Le plomb forme aujourd'hui une des principales richesses de l'Angleterre, de l'Allemagne et de l'Espagne.

§ 2. — L'étain.

Propriétés de l'étain. — L'étain est un métal d'un blanc d'argent, se ternissant très-vite au contact de l'air, un peu moins mou que le plomb, un peu plus élastique, plus sonore et plus fusible; — il fait entendre, lorsqu'on le ploie, un craquement particulier qu'on nomme *cri de l'étain*. Si on le ploie plusieurs fois de suite au même endroit et brusquement, il s'échauffe considérablement et finit par se rompre; le frottement lui communique une odeur désagréable. C'est un des plus légers entre les métaux, car sa densité n'est que sept fois celle de l'eau.

Usage de l'étain dans les arts. — Fer-blanc. — Potée d'étain. — Mines. — L'étain, réduit en lame mince et amalgamé avec le mercure, constitue le *tain* dont on double les glaces pour en faire des miroirs. L'étamage ordinaire consiste à étendre une couche mince d'étain sur le cuivre, afin d'empêcher que celui-ci ne forme du vert-de-gris. Le *fer-blanc* est de la tôle ou fer laminé recouverte d'une couche d'étain. On trouve l'étain à l'état d'oxyde et combiné, mais rarement, avec le soufre. C'est de l'étain oxydé que l'on retire tout ce métal répandu dans le commerce. La substance que l'on nomme *potée d'étain* est un oxyde d'étain fondu avec du verre de plomb qui devient très-dur par ce mélange ; on l'emploie pour faire l'émail blanc de la faïence, et pour polir les glaces et les pierres dures.

En Angleterre, les mines de Cornouailles sont les plus importantes et les plus anciennes de l'Europe. L'île de Banca, près de Sumatra, en Océanie, la presqu'île de Malacca en Asie, le Mexique en Amérique, possèdent des mines d'étain riches et abondantes.

Questions.

1. Quels sont les métaux mous ? — Qu'est-ce que le plomb ? — Quelles sont ses propriétés ? — Comment emploie-t-on le plomb dans les arts ? — Dans quel état trouve-t-on le plomb, et quelles en sont les principales mines ?

2. Qu'est-ce que l'étain ? — Qu'est-ce que le cri de l'étain? Quelles sont les propriétés de l'étain ? — Comment fait-on l'étain des glaces et le fer-blanc ? — Qu'est-ce qu'on nomme potée d'étain ? — Quelles sont les principales mines d'étain ?

LEÇON VI

SUITE DE LA MINÉRALOGIE

MÉTAUX CASSANTS

§ 1. — Le bismuth.

Métaux cassants. — Propriétés du bismuth, alliage de Darcet, minerais de bismuth. — Les métaux cassants sont le *bismuth*, l'*arsenic* et l'*antimoine*.

Le bismuth est un métal d'un blanc faiblement jaunâtre et rosé; il est lamelleux, éclatant, très-cassant, facile à réduire en poussière, et fond à la flamme d'une bougie. Ce métal se cristallise très-facilement; sa densité est plus de neuf fois celle de l'eau. Il est le plus fusible de tous les métaux solides : aussi entre-t-il pour moitié dans la composition de l'*alliage de Darcet*, qui fond à une chaleur égale à celle de l'eau bouillante, et dont on fait des soupapes de sûreté aux machines à vapeur pour prévenir les explosions.

Le bismuth est un métal très-rare dans la nature; il se présente sous trois états : à l'état natif, mais contenant le plus souvent de l'arsenic, à l'état d'oxyde et à l'état de sulfure. Le premier de ces minerais est le plus commun. Le bismuth se rencontre principalement en Suède, en Saxe et en Bohême. Il en existe aussi en France dans les mines de Bretagne, et dans la vallée d'Ossau, dans les Pyrénées.

§ 2. — L'arsenic.

Propriétés de l'arsenic. — États principaux dans lesquels on trouve l'arsenic. — L'arsenic est un métal d'un gris d'acier, peu brillant, excepté dans sa cassure fraîche qui se ternit rapidement à l'air. — Il est fragile, à cassure grenue, sans saveur, et dégage par le frottement une odeur désagréable. Exposé au feu et à l'air libre, il se volatilise sans se fondre et répand une odeur très-forte, analogue à celle de l'ail ; sous cette forme, il s'oxyde et devient un poison violent.

On trouve l'arsenic dans la nature sous trois états principaux : à l'état natif, à l'état d'oxyde et à l'état de sulfure ; mais on le rencontre en outre combiné avec d'autres métaux. L'arsenic s'oxyde à l'air ; il est combustible et le produit de la combustion est de l'*acide arsénieux*. L'*acide arsénieux*, que l'on appelle communément arsenic, est une substance blanche, pesante et légèrement soluble dans l'eau ; réduite en poudre, elle ressemble à de la farine ou à du savon pilé ; échauffée sur des charbons ardents, elle répand des vapeurs blanches qui exhalent une forte odeur alliacée. Cette substance est un des plus violents poisons connus ; on en fait usage pour détruire les rats. Il y a deux espèces de sulfure d'arsenic : le jaune, dit *orpiment*, et le rouge, dit *réalgar* ; on les emploie comme couleurs et dans la teinture.

Mines d'arsenic. — L'arsenic natif se trouve surtout en Saxe, en Bohême, au Harz et à Sainte-Marie-aux-Mines en Alsace. Il est très-peu abondant ; la plus grande partie de l'arsenic du commerce provient des mines de cobalt arsenical.

L'arsenic ne sert dans les arts qu'à composer quelques alliages que leur état rend propres à faire des miroirs télescopiques, mais qui ont l'inconvénient de se ternir par le contact prolongé de l'air.

§ 3. — L'antimoine.

Propriétés de l'antimoine, son alliage, mineral et mines d'antimoine. — L'antimoine, métal blanc, fragile, brillant, assez léger, a un tissu très-lamelleux et qui présente des lames plus larges à mesure qu'il est d'une plus grande pureté. L'antimoine, fondu et refroidi lentement, présente à sa surface une sorte d'herborisation qui ressemble à des feuilles de fougère ; exposé à une forte chaleur, il brûle et s'évapore.

On emploie l'antimoine allié avec d'autres métaux.

Combiné avec quatre fois son poids de plomb, il forme l'alliage dont on fait les caractères d'imprimerie. Il est en pharmacie la base de l'émétique.

Le minerai le plus abondant est l'antimoine mêlé avec le soufre. On le trouve en Languedoc, en Auvergne, dans plusieurs autres parties de la France, en Hongrie, en Bohême, en Angleterre, en Sibérie, etc.

Questions.

1. Qu'est-ce que le bismuth ? — Quelles sont ses propriétés ? — Qu'est-ce que l'alliage de Darcet ? — Quels sont les minerais de bismuth ? — Où trouve-t-on ce métal ?

2. Qu'est-ce que l'arsenic ? — Quelles sont ses propriétés ? — Sous quels états trouve-t-on l'arsenic ? — Quelles en sont les principales mines ?

3. Qu'est-ce que l'antimoine ? — Quelle singularité offre-t-il ? — Quel alliage en forme-t-on ? — Comment et où trouve-t-on l'antimoine ?

LEÇON VII

SUITE DE LA MINÉRALOGIE

MINÉRAUX PLUS PARTICULIÈREMENT COLORANTS
ET LE MERCURE, MÉTAL LIQUIDE

§ 1. — Le cobalt.

Minéraux colorants. — Cobalt. — Smalt. — Azur. — Bleu de Thénard. — Encre sympathique. — Les minéraux plus particulièrement colorants, sont : le *cobalt*, le *manganèse*, et le *chrome*. — Le cobalt est peu connu à l'état métallique ; sa couleur est d'un blanc gris irisé, il est peu brillant, d'une cassure grenue et serrée, très-difficile à fondre et s'altère moins à l'air humide que le fer. — On n'emploie guère que les minerais qui servent à donner aux matières vitrifiables une belle couleur bleue, et à faire une sorte d'émail que l'on appelle *smalt*. Ces verres et ces émaux bleus, réduits en poudre, colorent à leur tour la plupart des matières avec lesquelles on les mêle. Tels sont le *smalt*, l'*azur*, et le *bleu de Thénard*, qui ne sont que des préparations de cobalt.

Dissous dans l'acide hydrochlorique, le cobalt forme une *encre*, dite de *sympathie*, invisible, tant qu'elle n'est pas chauffée, mais qui, exposée à une légère chaleur sur le papier ou l'étoffe qui la contient, fait paraître et disparaître à volonté, avec la teinte d'une belle couleur vert céladon, les caractères ou les dessins qu'on a tracés avec elle.

Divers états du cobalt dans la nature. — Mines de cobalt. — Le cobalt se trouve dans la nature à l'état d'oxyde de *sulfure*, d'*arséniure* et d'*arséniate*, c'est-à-dire qu'il est uni à l'oxygène, au soufre et à l'arsenic. L'oxyde de cobalt est en masses pulvérulentes d'un noir bleuâtre. Le sulfure de cobalt contient aussi ordinairement de l'arsenic. Les sulfures et les arséniures ont l'éclat métallique et une couleur d'un blanc gris ; ils se cristallisent très-nettement. L'arséniate est en aiguilles qui offrent une belle teinte de fleur de pêcher.

La Suède, la Saxe et le Harz possèdent les mines de cobalt les plus importantes. Il en existe aussi dans la Hesse, la Souabe et même en France. — Les minerais de cobalt se rencontrent dans les filons argentifères, et l'on en tire la plus grande partie de l'arsenic du commerce.

§ 2. — Le manganèse.

Forme sous laquelle on trouve le manganèse. — Le manganèse est un métal fort peu connu à l'état métallique, parce qu'il se brûle ou se combine avec l'oxygène, dès qu'il est en contact avec l'air. — Il se trouve principalement dans la nature sous forme d'oxydes, tantôt purs, tantôt combinés ou hydratés. L'oxyde le plus précieux est le peroxyde de manganèse, appelé autrefois *magnésie noire* : c'est une substance qu'on trouve tantôt cristallisée et jouissant d'un brillant métallique gris noirâtre, tantôt en masses ternes, fibreuses ou compactes. Le peroxyde de manganèse donne une poussière noire, est infusible seul, mais se fond facilement avec le borax et le verre ; exposé à une haute température, il perd la dixième partie de son oxygène.

Usages du manganèse. — Mines de ce métal. — Ses principaux usages sont de servir à purifier la composition du verre blanc, à donner une couleur violette ou pourprée aux émaux, aux porcelaines et aux poteries communes. On l'emploie aussi à l'extraction du manganèse, qui est un des métaux les plus difficiles à réduire, et à la fabrication du chlore qui sert à blanchir les toiles, la cire jaune et les pâtes de papier.

La France possède plusieurs exploitations de ce minerai, à Romanèche, près de Mâcon, à Périgueux et dans le département de la Moselle. On en trouve aussi au Harz en Allemagne.

§ 3. — Le chrome.

Usages du chrome.—Lieux où il se trouve.—Le chrome, ainsi nommé parce que toutes ses combinaisons sont colorées, est une substance sans usage à l'état métallique, et employée seulement à l'état d'oxyde. — Le chrome sert à donner à la porcelaine et aux émaux un beau vert foncé, et le jaune qu'il fournit a le plus grand éclat.

A l'état d'acide, il est rouge. Le minerai d'un rouge orangé que l'on trouve en Sibérie, et qui est le chromate de plomb, lui doit sa belle couleur.

L'oxyde de chrome, qui est vert et qui colore l'émeraude et la serpentine, se trouve en France combiné avec l'oxydule de fer, dans le département du Var, et près de Grenoble. Il est en masses irrégulières et cristallisées.

§ 4. — Le mercure, métal liquide.

Propriétés du mercure, cinabre, vermillon. — Le mercure est le seul métal qui soit liquide à la température ordinaire ; c'est une de ses propriétés caractéristiques. — Il a tout l'éclat de l'argent et s'agite, exposé à l'air, presque continuellement : c'est pour cela qu'on l'appelle vulgairement *vif-argent*. Sa densité est quatorze fois celle de l'eau.

Le mercure sulfuré ou le sulfure de mercure, appelé *cinabre*, offre, lorsqu'il est pur, une belle couleur rouge plus ou moins foncée, et se volatilise entièrement au feu. Sa variété terreuse, d'un rouge écarlate, est désignée sous le nom de *vermillon natif*, cette belle couleur si recherchée dans la peinture.

Mines de mercure. — Les principales exploitations de ce métal sont celles d'Idria, près de Trieste, dans le Frioul; d'Almaden, dans la Manche, en Espagne ; du Palatinat, sur la rive gauche du Rhin, et celles du duché des Deux-Ponts. Le Pérou possède aussi les mines célèbres de Guanza-Velica, qui sont exploitées depuis trois cents ans et ne semblent pas diminuer de richesse. En France, on ne connaît que des indices de ce métal : dans le Dauphiné, à La Mure et à Allemont, et dans le département de la Manche à Ménildot.

Questions.

1. Quels sont les minéraux plus particulièrement colorants ? — Qu'est-ce que le cobalt? — Qu'est-ce que le smalt? — L'azur et le bleu de Thénard ? — Comment fait-on une encre sympathique avec le cobalt? — Sous quels états trouve-t-on le cobalt dans la nature ? — Quelles en sont les principales mines ?

2. Qu'est-ce que le manganèse? — Sous quelle forme le trouve-t-on? — Quels sont les usages du manganèse? — Où en trouve-t-on des mines?

3. Qu'est-ce que le chrome ?— Quels sont les usages du chrome ? — Où le trouve-t-on?

4. Qu'est-ce que le mercure?— Qu'est-ce que le cinabre et le vermillon ? — Quelles sont les principales mines de mercure?

LEÇON VIII

SUITE DE LA MINÉRALOGIE

LES COMBUSTIBLES

§ 1. — Des combustibles en général et du diamant
en particulier.

Combustibles. — Les combustibles sont des substances inflammables, pouvant se combiner avec l'oxygène. Ils ne sont pas en très-grand nombre. Les principaux sont : le *diamant*, la *houille*, la *tourbe*, les *bitumes*, le *lignite*, le *succin* et le *soufre*.

Le diamant. — Quoique le diamant se rapproche par ses formes extérieures des substances pierreuses, il n'en appartient pas moins à la classe des combustibles, car il est une espèce de carbone, à la vérité, la plus pure. Il est le plus brillant, le plus dur des minéraux et l'un des plus limpides ; cependant sa composition chimique est, à peu de chose près, la même que celle du charbon, corps noir, opaque et friable. — Aussi le range-t-on ordinairement à la tête du groupe des pierres précieuses, d'autant plus qu'il brûle avec une extrême difficulté, et qu'il possède à un degré éminent les qualités qui font rechercher ces pierres : l'éclat, la rareté et la dureté.

Couleurs et propriétés du diamant. — Le diamant est ordinairement sans couleur, quelquefois il est légèrement coloré de teintes bleues, jaunes, vertes, rosées et même noirâtres. Parmi les diamants colorés, les roses sont les plus recherchés ; mais on leur préfère généralement les limpides, lorsqu'ils sont d'une belle eau et qu'ils sont bien taillés. La densité du diamant est trois fois et demie celle de l'eau et sa dureté est telle qu'il raye tous les corps sans être rayé par aucun ; mais il est en même temps très-fragile et se brise souvent au moindre choc. Il réfracte fortement la lumière et se présente toujours cristallisé.

Clivage ou taille du diamant. — Le diamant doit ses feux et son éclat à l'opération de la taille, car lorsqu'il est brut, il est plus ou moins terne, mais toujours en cristaux réguliers. Pour tailler le diamant, on pratique le *clivage*, c'est-à-dire que, à l'aide de petits instruments d'acier très-minces, introduits avec précaution dans les joints naturels du cristal, on parvient à séparer les unes des autres les molécules intégrantes lamelleuses, et à mettre à découvert les nouvelles faces lisses et brillantes du cristal. On le polit ensuite à l'aide de sa propre poussière.

Les mines du Brésil fournissent la plus grande quantité de diamant.

§ 2. — La houille.

Houille, coke. — La houille, ou *charbon de terre*, est une substance charbonneuse, solide, opaque, noire, plus ou moins brillante, brûlant aisément avec une flamme blanche, une fumée noire, et une odeur désagréable, mais qui n'a rien de piquant ; — elle donne, lorsque la flamme s'éteint, un charbon à éclat léger métalloïde, nommé *coke*, et laisse, après sa combustion, un résidu de cendres scoriacées.

Diverses espèces de houille. — La houille est composée d'une certaine quantité d'oxygène, d'hydrogène, de bitume et d'une grande quantité de carbone. On en distingue trois variétés principales : 1° La houille *grasse*, remarquable par sa légèreté sa friabilité, et la facilité avec la quelle elle s'enflamme ; elle se gonfle en brûlant, se fond, et ses parties se collent entre elles : propriétés qu'elle doit à la grande quantité de matières huileuses qu'elle renferme ; 2° la houille *compacte*, qui est très-légère, d'un noir un peu terne, et qui brûle facilement avec une flamme brillante, sans répandre une grande quantité de fumée, et en dégageant une odeur peu désagréable ; 3° la houille *maigre* ou *sèche*, qui est la plus pesante ; elle ne contient pas assez de matière huileuse pour se boursoufler ou se coller ; elle est d'un noir grisâtre ; elle donne une flamme bleue, et répand une forte odeur de gaz sulfureux.

Emploi de la houille. — La houille est employée comme combustible dans la plupart des usines ; elle donne une chaleur considérable, et coûte beaucoup moins que le bois. Depuis longtemps on ne brûle presque pas d'autre combustible en Angleterre, même dans les appartements ; mais on n'emploie à ce dernier usage que le *coke* qui, ayant été privé de la plus grande partie de son huile par la distillation, brûle avec beaucoup moins d'odeur et de fumée. Depuis plusieurs années aussi, en Angleterre, et plus récemment, en France, on a utilisé le gaz hydrogène carboné qui se produit pendant la distillation de la houille, en le faisant servir à l'éclairage des grands établissements et même des villes entières. La houille appartient à la partie inférieure des terrains secondaires. Elle s'y trouve en amas ou en lits plus ou moins étendus, alternant avec des bancs de grès ou d'argile.

Mines de houille. — C'est l'Angleterre qui possède les mines de houille les plus abondantes. La quantité de charbon de terre qu'elles produisent annuellement est évaluée à cinq milliards de kilogrammes. La Belgique est riche en exploitations de houille. Les environs de Mons, de Charleroi, de Liége, offrent des houillères très-importantes. La France possède plus de trois cents mines de houille, dont deux cents seulement sont exploitées, et donnent par an quinze cent millions de kilogrammes.

§ 3. — La tourbe.

Où trouve-t-on la tourbe? — Usage de ses cendres. — La tourbe, qui est formée par les débris de certaines matières végétales, est une substance noirâtre ou brune, plus ou moins combustible, et ayant un tissu spongieux. — Elle se trouve à fleur de terre, dans les terrains humides et ordinairement dans le voisinage des étangs et des marais. On la détache avec une bêche, puis on la coupe en morceaux que l'on fait sécher. C'est un combustible très-économique, et qui remplace le bois dans quelques pays ; on peut en tirer du sulfate de fer. Ses cendres sont employées avec avantage dans l'agriculture pour amender les terres.

§ 4. — Les bitumes.

Origine des bitumes, leurs sous-espèces et leur emploi. — Les bitumes sont des substances combustibles minérales qui, comme la houille, paraissent provenir de la décomposition des végétaux enfouis dans les anciennes couches de la terre. Ce sont des huiles fossiles, analogues à celles que l'on retire des végétaux. — Les bitumes brûlent facilement, donnent beaucoup de fumée noire et répandent une odeur forte qui leur est particulière.

Les bitumes comprennent quatre sous-espèces, qui sont l'*asphalte*, le *malthe*, le *naphte* et le *pétrole*.

Pour obtenir le ciment bitumineux, on fait fondre du bitume dans de grandes jarres, et on le mêle ensuite avec du sable ou de la brique pilée, ce qui forme une pâte épaisse, que l'on étend, en une couche de 2 à 5 centimètres d'épaisseur, sur l'endroit que l'on veut récouvrir, et qui, en se refroidissant, se solidifie.

§ 5. — Le lignite.

Propriétés du lignite. — Le jais ou jayet. — Le lignite est une substance charbonneuse, noire ou brune, produite par des végétaux ligneux. Ce combustible présente souvent des traces très-marquées de l'organisation du bois dont il a été formé. — Il s'allume et brûle avec facilité, et fournit, à la distillation, le même acide que le bois, et par la combustion, une espèce de braise laissant une cendre d'une analogie parfaite avec celle du bois ordinaire. On connaît plusieurs variétés de lignite, dont la principale est le *jayet* ou jais, qui est d'un noir brillant, compacte, cassant, susceptible de recevoir un très-beau poli, et dont on fait de petits bijoux de deuil.

§ 6. — Le succin.

Propriétés du succin. — Le succin ou ambre jaune est une substance solide, cassante, mais non friable, légère, presque transparente, jaune et quelquefois d'un brun foncé, développant par le frottement une électricité résineuse très-marquée, n'avant ni saveur ni odeur à froid. — Il se fond sur les charbons ardents, brûle avec flamme, en se boursouflant et en exhalant une odeur forte plus ou moins agréable. Il est dur et susceptible d'être tourné et poli.

Origine du succin. — Électricité. — Lieux où l'on trouve le succin. — Le succin paraît être un produit direct de la végétation, une espèce de gomme ou de résine qui a coulé à l'état liquide d'un arbre vivant, et a été modifiée par le long espace de temps qu'elle a passé dans la terre. Ce qui ne permet pas d'en douter, c'est qu'on y voit souvent l'empreinte de branches ou d'écorces, et qu'on trouve dans l'intérieur des insectes ou des fleurs parfaitement conservées. Il est disposé en petites masses sous du sable, dans de l'argile, ou entre des lits de matières pyriteuses, quelquefois aussi parmi les mines de houille.

Les anciens l'appelaient *electrum*, à cause de sa couleur, analogue à celle d'un alliage d'or que les Grecs nommaient de même, et c'est de ce mot que l'on a fait *électricité*.

Le succin abonde en Prusse, sur les bords de la mer Baltique ; on le trouve aussi en France et en Allemagne. Le meilleur que l'on rencontre est près de Catane, non loin de l'embouchure de la rivière Giaretta, qui prend sa source sur le côté septentrional de l'Etna.

L'ambre blanc est une variété du succin, dont il ne diffère point dans sa composition chimique.

§ 7. — Le soufre.

Propriétés du soufre. — A quels états on le trouve. — Le soufre est connu de toute antiquité ; — c'est une substance simple, non métallique, d'une belle couleur jaune, très-fragile, friable, très-combustible, et facile à reconnaître à sa flamme bleuâtre et à son odeur suffocante. — Il acquiert par le frottement l'électricité résineuse. Il existe dans la nature, tantôt à l'état de pureté, tantôt combiné à d'autres substances. Le soufre natif se trouve rarement cristallisé, le plus souvent il est en masses translucides ou opaques, mêlées par couches dans du sulfate de chaux, de l'argile ou d'autres matières terreuses ; souvent aussi on le rencontre aux environs des volcans, sous la forme d'une poussière jaune très-fine. Presque tout le soufre du commerce vient des solfatares ou mines de soufre. On le retire quelquefois des minerais pyriteux dans lesquels sa présence s'annonce par l'odeur qu'il dégage, lorsqu'on les chauffe un peu fortement.

Soufre en canon. — Fleur de soufre. — Usage du soufre. — Le soufre, quand il a été coulé dans des moules cylindriques dont il a pris la forme, est appelé *soufre en canon;* on le nomme *fleur de soufre,* lorsqu'il est en poudre; il est alors dans le plus grand état de pureté.

Les usages du soufre sont fort nombreux; il sert à fabriquer l'acide sulfurique, le cinabre et d'autres composés chimiques : il entre pour un septième dans la fabrication de la poudre à canon ; l'espèce de fumée ou de vapeur qu'il répand en brûlant, est employée au blanchiment de la soie, de la paille, etc. ; fondu et versé sur la surface du fer, le soufre adhère fortement avec ce métal, et on profite de cette adhérence pour sceller des barreaux de fer dans la pierre. Deux ou trois poignées de fleur de soufre éteignent les feux de cheminée: mais il faut avoir le soin de fermer d'abord le devant de la cheminée avec un drap mouillé.

Mines de soufre. — La nature a répandu le soufre à profusion dans toutes les contrées de la terre; néanmoins, il abonde plus spécialement dans le voisinage des volcans; leurs cratères en sont couverts. Les soufrières les plus célèbres sont celles de la solfatare, près de Pouzzoles, dans le royaume de Naples; celles de Sicile, des Etats romains, de l'Islande, de la Guadeloupe et des Cordillères du Pérou.

Questions.

1. Qu'est-ce que les combustibles? — Nommez les principaux? — Qu'est-ce que le diamant ? — Quelles sont les couleurs et les propriétés du diamant? — Comment taille-t-on et polit-on le diamant?

2. Qu'est-ce que la houille et le coke? — Quelles sont les diverses espèces de houille? —

Quel est l'emploi de la houille ?
— Principales mines de houille.

3. Où trouve-t-on la tourbe ?—
Quel usage fait-on de ses cendres ?

4. Quelle est l'origine des bitumes ? — Quelles sont leurs
sous-espèces et leur emploi ?

5. Quelles sont les propriétés
du lignite ! — Qu'est-ce que le
jais ou le jayet ?

6. Quelles sont les propriétés du
succin ?—D'où vient le mot électricité ? — Où trouve-t-on le succin ?

7. Quelles sont les propriétés
du soufre? — A quels états le
trouve-t-on ? — Qu'est-ce que le
soufre en canon? — Fleur de
soufre ? — Quels sont les usages
du soufre? — Quelles sont les
mines de soufre?

LEÇON IX

SUITE DE LA MINÉRALOGIE

DES SELS

§ 1. — Des sels en général et du sel commun.

Sels en général. — Les sels sont des substances acides combinées avec une base alcaline terreuse ou métallique. — Les sels sont ordinairement cristallisés et ont pour propriété générale d'être solubles dans l'eau; il en est cependant qui ne le sont que dans les acides. Tous les métaux combinés avec des acides donnent une foule de sels ; mais tous ces produits sont l'œuvre de l'art et non celui de la nature. Les principaux sels sont : le sel marin, le sel gemme, le sel de nitre, la magnésie, l'ammoniaque, l'alumine ou alun, le borax.

Sel commun. — La *soude muriatée* ou *chlorure de sodium*, qui est connue plus généralement sous le nom de *sel commun*, est une substance soluble dans l'eau, d'une saveur particulière que tout le monde connaît et d'une couleur ordinairement blanche. Elle est limpide et translucide et se présente sous deux états différents : dans le sein de la terre, en bancs ou amas plus ou moins considérables, ou en veines au milieu d'argiles, toujours en cristaux, et dans les eaux de la mer et des sources salées dont on l'extrait par l'évaporation. Dans le premier cas, on l'appelle *sel gemme*, et dans le second *sel marin*; mais celui-ci ne diffère point du sel en cristaux.

Emploi du sel. — Mines de sel. — Le sel s'emploie dans l'économie domestique et en agriculture, pour la nourriture de l'homme et des bestiaux et pour l'amendement des terres. C'est de lui qu'on retire l'acide hydrochlorique ou muriatique. La plus célèbre mine de sel est dans l'ancienne Pologne ; à Wielizka, en Gallicie, on l'exploite depuis plus de cinq siècles. Celle de Dieuze, dans l'Alsace-Lorraine, s'étend en couches de plus de 25 mètres d'épaisseur sur une longueur de 10,000 mètres carrés. On exploite encore du sel gemme en Angleterre, en Espagne, en Suisse, dans le Salzbourg et dans le Wurtemberg.

§ 2. — Sel de nitre ou salpêtre.

La *potasse nitratée* ou *nitrate de potasse* est ce sel connu sous le nom de *sel de nitre* ou salpêtre. Il se présente ordinairement en cristaux blancs, demi-transparents ; sa saveur est fraîche et piquante. Il existe abondamment à la surface de la terre, dans l'Inde, dans l'Egypte, et dans quelques parties méridionales de l'Afrique. On le trouve en Europe, mais plus rarement, dans les vieux platras et à la surface des murs humides des habitations, dans le sol des caves, des celliers, des écuries ; il est alors mêlé aux nitrates de chaux et de magnésie. On l'obtient aussi artificiellement, en exposant sous des hangards humides des substances calcaires, mêlées de matières végétales et animales. C'est ce qu'on appelle des *nitrières* ou fabriques de nitre artificiel.

Poudre à canon. — Dans les arts, le salpêtre sert à plusieurs préparations : c'est avec lui qu'on fabrique l'acide sulfurique ; c'est de sa décomposition qu'on retire l'acide nitrique (l'eau forte) ; enfin son emploi dans la fabrication de la poudre à canon n'est pas d'une moins grande importance.

La poudre employée à la guerre est formée, sur 100 parties, de 75 de nitrate de potasse, de 12 1/2 de charbon et 12 1/2 de soufre. Dans la poudre de chasse il y a 78 parties de nitrate de potasse, 12 de charbon, 10 de soufre. La poudre connue sous le nom de *poudre de mine,* à cause de l'usage qu'on en fait dans les mines et les carrières dont elle détache de grosses masses, se compose de 65 parties de nitrate de potasse, de 15 de charbon et de 20 de soufre.

§ 3. — Magnésie.

La *magnésie sulfatée* ou *sulfate de magnésie,* que l'on désigne aussi sous les noms de *sel d'Epsom, sel de Sedlitz* et de *sel amer,* est une substance que l'on retire des eaux de certaines fontaines, comme celles d'Epsom, en Angleterre, de Sedlitz et d'Egra, en Bohême, en les faisant évaporer.

On recueille également ce sel en efflorescence blanche sur les rocs schisteux ou gypseux de l'arrondissement de Moutiers, département des Basses-Alpes : on en a aussi découvert, à l'état pulvérulent, dans une carrière à plâtre de Montmartre. — Le sulfate de magnésie se présente dans le commerce sous la forme de petits cristaux blancs transparents ; il a une saveur très-amère, il est très-soluble dans l'eau froide, encore plus dans l'eau bouillante, et cristallise facilement. Il est très-usité en médecine comme purgatif.

§ 4. — Ammoniaque.

L'*ammoniaque muriatée* ou *sel ammoniaque* est une substance d'un blanc grisâtre, demi-transparente et d'une saveur piquante. Les produits volcaniques contiennent ordinairement de l'ammoniaque. On l'extrait aujourd'hui des matières animales en putréfaction. Elle sert, dans l'art de la teinture, à aviver les couleurs, et est appliquée à ce qu'on appelle le décapage des métaux : c'est une opération qui consiste à enlever, avant l'étamage, les impuretés dont les métaux peuvent être recouverts à la surface.

§ 5. — Alun.

L'*alumine sulfatée* ou *alun* est un sel blanc, transparent, d'une saveur d'abord sucrée, et ensuite astringente, c'est-à-dire qu'elle resserre beaucoup les parties de la bouche. La nature ne produit l'alun qu'en très-petite quantité et sous la forme de filaments auxquels on a donné le nom d'*alun de plume*. Ce sel est extrêmement précieux pour la teinture : il sert à fixer les couleurs sur les étoffes et à leur donner de la solidité. On l'emploie aussi pour hongroyer et chamoiser les peaux, pour donner de la solidité au suif dont on fait des chandelles, pour imprégner le papier à écrire afin de l'empêcher de boire, et pour donner le mat à l'argent.

§ 6. — Borax.

La *soude boratée* ou *borax* est un sel blanc d'une saveur douceâtre, que l'on débite sous la forme d'une poudre blanche. Elle existe en solution dans l'eau de plusieurs lacs des Indes orientales et du Thibet, et s'en sépare par évaporation spontanée ; on est parvenu à la fabriquer artificiellement. On l'emploie dans les arts pour les soudures des métaux et pour l'application de l'or sur les bijoux. Le borax sert aussi dans la peinture sur porcelaine.

§ 7. — Carbonate de soude.

La *soude carbonatée*, connue anciennement sous le nom de *natron*, existe en solution dans l'eau de plusieurs lacs de l'Egypte, de la Hongrie et de l'Amérique, dont on la retire par l'évaporation. On la retire aussi de quelques eaux minérales et des cendres de tous les végétaux qui croissent sur les bords de la mer. C'est à ce dernier produit qu'on donne, dans le commerce, le nom impropre de soude. Ce sel, d'une couleur grise, a une saveur âcre légèrement caustique; exposé à l'air, il s'effleurit promptement, en perdant une partie de son eau de cristallisation. On l'emploie dans la fabrication du verre et du savon solide.

Questions.

1. Qu'entend-on par sels? — par sel commun? — par sel gemme? — par sel marin? — A quel usage le sel sert-il? — Quelles en sont les principales mines ?

2. Qu'est-ce que le sel de nitre? — Où le trouve-t-on? — Qu'appelle-t-on nitrière? — A quoi sert le salpêtre dans les arts? — Comment fabrique-t-on la poudre à canon?

3. Sous quels noms désigne-t-on la magnésie? — Comment trouve-t-on ce sel?—Sous quelle forme le sulfate de magnésie se présente-il dans le commerce?

4. Qu'est-ce que le sel ammoniaque? — A quoi sert-il?

5. Qu'est-ce que l'alun?—Quel est son usage?

6. Qu'est-ce que le borax? — Comment le fabrique-t-on et à quoi sert-il?

7. Qu'est-ce que le carbonate de soude? — Où le trouve-t-on? — A quoi sert-il?

LEÇON X

SUITE DE LA MINÉRALOGIE

DES PIERRES

§ 1.

Division des substances pierreuses. — Les pierres ou substances pierreuses sont un mélange de terres et de métaux. Les terres les plus communes sont la silice, l'alumine, la magnésie et la chaux. Quelquefois une seule terre donne naissance à une pierre. Les pierres se font remarquer par leur dureté, leur durée, leurs couleurs et la vivacité de leurs reflets. C'est dans cette classe que se rangent les pierres propres à bâtir et ces pierres si rares et si recherchées que l'art transforme en objet de luxe et d'agrément. On divise ordinairement les substances pierreuses, 1º en *calcaires;* 2º en *quartz,* et 3º en *argiles.*

Calcaires. — Le calcaire est une pierre très-commune dans la nature; il offre peu de résistance et se laisse rayer facilement avec un fer aigu ou même quelquefois avec l'ongle. Les principaux calcaires sont : la *pierre à chaux,* les *marbres,* l'*albâtre* et le *gypse.*

§ 2. — Pierre à chaux.

Carbonate de chaux. — Le calcaire le plus commun est la pierre à chaux, dite *carbonate de chaux,* ou *chaux carbonatée.* C'est le plus abondant de tous les corps qui existent à la surface et à l'intérieur du globe; il appartient à tous les terrains, et se trouve souvent pur, ou presque pur en masses énormes.

Le carbonate de chaux se distingue facilement des

autres minéraux par la faculté qu'il a de se dissoudre avec effervescence dans les acides, de se réduire en chaux vive par la calcination, et de se laisser rayer profondément par une pointe de fer.

Pour obtenir la *chaux vive* on chauffe le calcaire, deux ou trois jours, dans une espèce de four. La pierre se fendille dans tous les sens et entre en ébullition quand on verse dessus un peu d'eau. Elle prend alors le nom de *chaux éteinte*.

La *chaux hydraulique* a la propriété de se durcir dans l'eau.

Cette espèce est féconde en variétés de formes et de substances. Nous nous bornerons à mentionner celles qui ont le plus d'importance.

Le spath d'Islande. — C'est un cristal transparent qui a la propriété singulière de faire paraître doubles les objets qu'on regarde à travers.

La chaux carbonatée fibreuse. — Cette variété, dont le fond est satiné et présente des reflets ondés semblables à ceux que l'on remarque dans les étoffes nacrées, est travaillée en Angleterre, où l'on en fait des bijoux.

§ 3. — Suite des calcaires.

La chaux carbonatée lamellaire. — Cette variété est connue sous le nom de *marbre de Paros*; c'est le marbre statuaire des anciens.

La chaux carbonatée saccharoïde. — Cette variété, que l'on connaît sous la dénomination de *marbre de carrière*, a un grain semblable à celui du sucre; on la tire des carrières de Carrare, sur la côte de Gênes. On en trouve aussi en France, dans les Pyrénées. C'est le marbre statuaire des modernes.

La chaux carbonatée grossière, ou pierre à bâtir des Parisiens. — Cette pierre est jaune ou d'un blanc sale, à grain grossier et non susceptible de poli. Elle est très-commune aux environs de Paris, où elle se fait remarquer par la grande quantité de coquilles qu'elle renferme. On l'emploie principalement comme pierre de taille.

Pierre de liais. — La *pierre de liais*, dont le grain très-fin, est réservée pour la sculpture.

La chaux carbonatée crayeuse ou la craie. — Cette variété est blanche, quelquefois grisâtre et sablonneuse, très-friable, et laissant sur les corps durs des traces de son passage. Broyée dans l'eau et réduite en pâte fine, elle constitue le *blanc d'Espagne*. Elle se montre aux environs de Paris, à Meudon, à Bougival, etc. On l'emploie dans la peinture en bâtiments et dans un grand nombre d'arts chimiques.

Pierre lithographique. — La *pierre lithographique*, d'un blanc gris ou jaunâtre, à cassure lisse, à grain très-serré, est susceptible d'un beau poli. Elle a reçu son nom de l'emploi qu'on en fait dans la lithographie : c'est un art qui consiste à remplacer les planches de cuivre, dont se servent les graveurs, par des pierres polies sur lesquelles on exécute avec un crayon gras des dessins que l'on reproduit par milliers. La Bavière nous fournit les meilleures pierres lithographiques : on en trouve cependant de bonnes à Châteauroux, dans le département de l'Indre.

L'albâtre calcaire ou oriental. — Cette variété, qu'il ne faut pas confondre avec l'albâtre gypseux, est remarquable par sa cassure striée, par sa transparence et par sa dureté.

§ 4. — Suite des calcaires.

Chaux sulfatée ou sulfate de chaux. — Ce minéral existe dans la nature, tantôt en cristaux volumineux ou en masses, tantôt cristallisé confusément, tantôt impur et semblable à la pierre à bâtir. On le désigne

aussi sous le nom de *gypse*. C'est une substance extrêmement tendre, se laissant rayer facilement par l'ongle, qui la réduit en une poussière blanche et farineuse; elle est souvent incolore et quelquefois jaunâtre.

Variétés de gypse. — Les variétés principales que
présente le gypse, sont : 1° le *gypse lenticulaire*. Il se
trouve en cristaux altérés par des formes arrondies,
semblables à des lentilles; souvent deux lentilles sont
accolées l'une à l'autre, de sorte qu'elles semblent se
pénétrer en partie. Ces lentilles sont communes à
Montmartre (Paris).

2° Le *gypse compacte* ou *albâtre gypseux*. C'est cette
substance qui a servi de terme de comparaison pour
désigner la couleur blanche. Il est en masses translucides et d'un blanc de lait, quelquefois il est veiné
et d'un blanc jaunâtre. On l'emploie à sculpter des
vases, des statues et autres objets d'ornement dont tout
le monde a pu admirer la blancheur éclatante et la
demi-transparence; cette sorte d'albâtre se trouve en
abondance à Lagny, près de Paris.

3° Le *gypse grossier* ou *pierre à plâtre*. Il est composé
de grains lamelleux jaunâtres ou d'un blanc sale, mêlé
ordinairement d'argile, de carbonate de chaux et de
débris organiques. C'est en le calcinant au feu qu'on
forme le plâtre qui, par conséquent, n'est autre chose
que du gypse cuit et réduit en poudre. Le gypse, ayant
perdu toute l'eau qu'il contenait, pompe avec avidité
celle dans laquelle on le gâche, et forme une pâte qui
durcit en se desséchant.

Questions.

1. Qu'est-ce que les pierres et comment divise-t-on les substances pierreuses? — Qu'est-ce que le calcaire?

2. Qu'est-ce que le carbonate de chaux? — Comment le distingue-t-on des autres minéraux? — Comment obtient-on la.

chaux vive ? — Qu'est-ce que la chaux éteinte? — Quelle est la propriété de la chaux hydraulique? — Qu'est-ce que le spath d'Islande? — Qu'est-ce que la chaux carbonatée fibreuse?

3. Qu'est-ce que la chaux carbonatée lamellaire ? — Que savez-vous du marbre de carrière? — de la pierre à bâtir? — de la craie?—Faites connaître la pierre lithographique. — Qu'est-ce que l'albâtre oriental?

4. Qu'est-ce que l'on désigne sous le nom de gypse?—Qu'est-ce que le gypse lenticulaire? — Qu'est-ce que le gypse compacte? — Qu'appelle-t-on pierre à plâtre et à quoi sert-elle?

LEÇON XI

SUITE DE LA MINÉRALOGIE

(Suite des pierres.)

§ 1. — Quartz.

Pierres dures et siliceuses. — Lieux où l'on rencontre le quartz. — Ses caractères principaux, ses variétés. — On désigne sous le nom générique de *quartz* les pierres dures et siliceuses.

Le *quartz* est une des espèces minérales les plus répandues dans la nature, et dont les variétés nombreuses se prêtent à des usages multipliés. On le rencontre partout à la surface et dans l'intérieur de la terre, à quelque profondeur que l'on descende, au milieu des terrains de tous les âges et de tous les modes de formation.

Deux caractères principaux, la dureté et l'infusibilité, le distinguent particulièrement. Il raye le verre et l'acier, c'est-à-dire qu'il est plus dur que ces deux corps, et le choc du briquet en fait jaillir des étincelles. Lorsque le *quartz* est pur, il ne se fond pas seul au feu du chalumeau. Il est essentiellement composé de silice.

Les variétés principales du quartz sont : 1° le *quartz* proprement dit ou *silice*; 2° les *silex* ou *agates*; 3° le *feldspath*; 4° le *mica*; 5° le *talc*; 6° les *corindons* ou pierres précieuses.

§ 2. — Premières variétés du quartz.

Quartz proprement dit ou silice. — On nomme aussi ce minéral *quartz hyalin*. Il a une cassure vitreuse, et quand il est transparent et en masse informe, il res-

semble parfaitement à du verre. Il est toujours cristallisé ou du moins composé de parties ou de grains à
structure cristalline. Lorsqu'il est transparent, il prend
le nom de *cristal* de roche. Ce minéral est incolore
et d'une limpidité parfaite, quand il est pur, mais souvent il est coloré diversement par des matières étran-
gères, qui se mêlent avec lui d'une manière intime,
et en très-petite quantité. Le quartz proprement dit
prend alors les noms particuliers d'*améthyste*, lorsqu'il
est violet ; de *saphir d'eau*, lorsqu'il est bleu ; de *rubis
de Bohême*, lorsqu'il est rose ; de *topaze d'Inde*, lorsqu'il est jaune ; de *topaze enfumée*, lorsqu'il est d'une
teinte brun jaunâtre. Le cristal de roche jouit de propriétés optiques fort curieuses, et fait éprouver à la
lumière une double réfraction.

Ces diverses variétés du quartz sont en cristaux et
implantées dans les cavités des roches. D'autres, disséminées parmi des matières terreuses, se sont mélangées en partie avec elles au point d'être opaques :
telles sont les variétés *hématoïde*, d'un rouge de sang,
ou l'hyacinthe de Compostelle, et *rubigineuse*, d'un
jaune de rouille, que l'on trouve disséminées sous la
forme de petits cristaux à deux pointes, la première
dans une argile rougeâtre, et la seconde dans un ocre
jaune.

§ 3. — Silex.

Division des silex. — Les *silex* ou cailloux sont des
quartz non transparents ou des mélanges diversement
colorés ; leur cassure est comme résineuse, ils ne se
cristallisent pas et ils contiennent un peu d'alumine.
On distingue parmi les silex les *pyrites,* les *agates,* le
jaspe et l'*opale.*

Pyrites. — Les principales variétés des *pyrites* sont
le *silex pyromaque* ou la pierre à fusil, à cassure légè-

rement luisante, divisible en fragments à bords transparents qui, frappés par l'acier, donnent de vives étincelles. Sa couleur varie beaucoup; elle est communément noir grisâtre ou de couleur blonde. On trouve
cette pyrite en rognons au milieu de la craie.

Le *silex molaire*, ou la pierre meulière, est à cassure
plate, à texture cellulaire et criblé de cavités.

L'agate. — On donne le nom d'*agate* à la collection
de toutes les variétés de quartz qui sont demi-trans-
parentes, compactes, et dont la cassure, au lieu d'être
vitreuse, est terne et écailleuse. Quoique leur dureté
soit moins grande que celle du cristal de roche, ces
pierres donnent des étincelles au choc du fer; elles ne
s'offrent jamais en formes régulières.

§ 4. — Le feldspath.

Feldspath kaolin. — Le feldspath est caractérisé par
une dureté presque comparable à celle du quartz. Il
étincelle sous le choc du fer; il est phosphorescent
par le frottement, présente une structure lamelleuse
et se fond au chalumeau en formant un émail blanc.

Parmi les substances terreuses que l'on regarde
comme des variétés de feldspath mélangées d'autres
matières, on distingue le *kaolin,* ou terre à porcelaine,
qui est blanc, terreux, friable et doux au toucher,
incohérent, se délayant dans l'eau sans y faire pâte et
infusible au feu.

Origine du kaolin. — Cette substance minérale provient de la décomposition du feldspath, qui, ayant
perdu son alcali et une portion de sa silice, s'est
transformé en une sorte d'argile blanche, capable de
résister à un feu très-violent. En mêlant au kaolin une
certaine quantité de pétunzé, qui est un feldspath fusible, ou obtient un mélange qui se vitrifie, mais dif-

ficilement et à une température très-élevée, et qui donne après le refroidissement, une pâte très-dure et translucide : c'est la *porcelaine*, avec laquelle on fait ces beaux vases, l'ornement de nos tables et de nos maisons.

§ 5. — Le mica.

Définition et teinte du mica. — Le mica est plus rare que les deux pierres précédentes. Il se présente toujours en masses laminaires, en feuillets minces ou en paillettes, divisibles en petites lames excessivement minces, élastiques, et d'un éclat pareil à celui des métaux. — Sa surface est douce au toucher; il acquiert l'électricité vitrée par le frottement, et se fond au feu du chalumeau en un émail blanc. Ses teintes les plus ordinaires sont le brun, le vert, le noirâtre, le blanc d'argent et le jaune d'or, avec un éclat métalloïde.

§ 6. — Le talc.

Le talc, sa composition, son principal caractère. — Le talc est une substance pierreuse dont les caractères extérieurs présentent une grande ressemblance avec le mica. C'est une sorte de pierre transparente, qui se lève par feuillets minces, flexibles, mous, mais non pas élastiques. C'est de tous les minéraux le plus tendre ; sa poussière est douce au toucher et comme onctueuse. Il est composé de silice, de magnésie, d'oxyde de fer, d'alumine et d'eau. Il acquiert l'électricité résineuse par le frottement. Ce dernier et la non élasticité des feuillets distinguent le talc du mica.

§ 7. — Les corindons ou pierres précieuses.

Le corindon et ses variétés. — Après le diamant, le corindon est le plus estimé parmi les pierres précieuses. Il est essentiellement composé d'alumine cristallisée, et sa dureté ne le cède qu'à celle du diamant. — Le corindon comprend quatre variétés principales : 1° le *corindon hyalin*, transparent et à cassure vitreuse, incolore ou coloré diversement ; 2° le *corindon lamelleux* ou *spath adamantin*, translucide ou opaque, à cassure lamelleuse et divisible en fragments réguliers ; 3° le *corindon compacte*, à cassure terne ; 4° le *corindon granitaire ferrifère*, ou *émeril*. Tous les cristaux transparents auxquels on a donné le nom de *pierres orientales* sont compris dans le corindon hyalin.

Pierres orientales. — Parmi les pierres orientales, on distingue le *rubis oriental* ou corindon hyalin d'un rouge cramoisi ; la *topaze orientale*, d'un jaune pur, qu'il faut bien se garder de confondre avec la topaze ordinaire ; le *saphir oriental*, d'un beau bleu d'azur ; l'*améthyste orientale*, d'un violet pur ; l'*astérie* ou corindon d'un bleu clair, à reflets blanchâtres.

Les autres principales pierres précieuses sont :

La cymophane. — La cymophane est une pierre remarquable par sa dureté, par la vivacité de son éclat et par ses reflets variés ; elle est d'un jaune verdâtre et d'une cassure vitreuse. Elle est connue dans le commerce de la joaillerie sous le nom de *chrysolite orientale*.

L'émeraude. — L'émeraude est une substance vitreuse, cristalline, d'une dureté supérieure à celle du quartz et se fond au chalumeau en un verre blanc. Elle est composée de silice, d'alumine et de glucine.

Le grenat. — Les pierres qui portent le nom de *grenat* sont très-dures, d'une couleur rouge fort éclatante, et se trouvent ordinairement cristallisées. Elles sont composées de silice, d'alumine et d'une troisième base qui varie dans les grenats de couleur.

Le lazulite. — Le lazulite est une pierre d'un bleu plus ou moins foncé, opaque, à cassure mate et à grain fin, susceptible de recevoir un beau poli, et ordinairement mêlée de points jaunes et brillants. — Le lazulite est composé de silice, d'alumine, de carbonate et de sulfate de chaux, d'oxyde de fer et d'eau.

Le spinelle. — Le spinelle est une pierre d'une dureté égale à celle du corindon, et d'un éclat vitreux très-vif. Il est infusible et se compose d'alumine et de magnésie. On le trouve en petits cristaux disséminés, soit dans les roches massives, soit dans les terrains meubles. On distingue deux variétés de pierre rouge ou de *rubis*, que le spinelle fournit à la joaillerie : le *rubis spinelle*, d'un rouge ponceau, et le *rubis balais*, qui est violâtre ou rosé. Le spinelle est fort estimé; lorsqu'il est d'un volume considérable, il a une valeur égale à celle d'un diamant de même volume.

La topaze. — La topaze est une pierre ordinairement jaune, d'une dureté à rayer le quartz, vitreuse, infusible, toujours cristallisée et douée de la double réfraction. — Elle est composée de silice, d'acide fluorique et d'alumine. La topaze est quelquefois incolore et limpide; telle est celle que les Portugais appellent *goutte d'eau*, et que l'on trouve en morceaux roulés au Brésil; lorsqu'elle est bien taillée, elle a un éclat très-vif.

La tourmaline. — La tourmaline est une pierre à cassure vitreuse un peu plus dure que le quartz, fusible avec plus ou moins de difficulté, très-électrique par la chaleur, se présentant toujours cristallisée et le plus souvent disséminée en cristaux prismatiques, allongés au milieu des roches de terrains primitifs.

La turquoise. — La turquoise est une pierre opaque et compacte d'un bleu céleste ou d'un vert *céla-*

don, c'est-à-dire pâle, et d'une dureté inférieure à celle du quartz.

Questions.

1. Qu'est-ce que le quartz ? — Quels sont les principaux caractères du quartz ? — Quelles sont les variétés du quartz ?

2. Que nomme-t-on quartz hyalin ? — Quand prend-il le nom de cristal de roche ? — Expliquez les autres noms particuliers que prend le quartz hyalin. — Où se trouvent ces diverses variétés de quartz ?

3. Comment divise-t-on le silex ?—Faites connaître les principales variétés des pyrites. — Parlez de l'agate.

4. Par quoi est caractérisé le feldspath ? — Qu'appelle-t-on terre à porcelaine ? — D'où provient le kaolin ?

5. Qu'est-ce que le mica ? — Quelles sont ses diverses teintes ?

6. Qu'est-ce que le talc ? — Quels sont sa composition et son principal caractère ?

7. Qu'entend-on par corindon ? — Quelles sont les principales variétés du corindon ? — Qu'est-ce que les pierres orientales ?— Parlez de la cymophane, — de l'émeraude, — du grenat, — du lazulite, — du spinelle, — de la topaze, — de la tourmaline et de la turquoise.

LEÇON XII

SUITE DE LA MINÉRALOGIE

ARGILES, MARNES ET FOSSILES

§ 1. — Argiles.

Composition et qualités des argiles. — Les argiles, ces substances répandues avec tant de profusion dans la nature, sont des matières terreuses, composées principalement de silice et d'alumine, dans des proportions variables, qui sont produites par la décomposition des roches feldspathiques, micacées et talqueuses dont les parties roulées au loin par les eaux ont été réduites en limon. — Les argiles sont tendres, douces au toucher, et forment avec l'eau une pâte qui, desséchée lentement et exposée à un feu violent, devient très-dure et perd la propriété de se délayer dans l'eau. Ce sont elles qui fournissent les terres à pipe, ou terres anglaises, les terres à foulon, la terre glaise ou terre à poteries communes, la terre à briques, certaines pierres à polir, appelées *tripolis*, etc.

Diverses espèces d'argiles. — On distingue plusieurs espèces d'argile : L'*argile plastique*, appelée aussi *terre glaise* ou terre *à poteries*, est blanche ou colorée, douce au toucher, et prend au feu beaucoup de retrait et de solidité. Elle fait pâte avec l'eau très-facilement, et se fond ou ne se fond pas, suivant qu'elle renferme ou non de la chaux et de l'oxyde de fer. — 2° L'*argile smectique* ou *terre à foulon*, est une substance fine, savonneuse, se délayant facilement dans l'eau, sans former avec elle une pâte persistante. On l'emploie pour enlever aux fils des étoffes de laine la graisse ou l'huile dont on les avait enduits, afin de les travailler plus facilement. — 3° *L'argile ocreuse,* l'ocre jaune, terre de Sienne, est une argile colorée par de l'hydrate de fer. Chauffées fortement, les ocres jaunes prennent la teinte rouge et fournissent les *ocres rouges.* Toutes les espèces d'ocres sont employées fréquemment en peinture.

§ 2. — Marnes.

Composition et variétés des marnes. — Les *marnes* sont des argiles mélangées de carbonate de chaux et de sable. — Ces matières unies en diverses proportions forment les trois variétés de marnes que l'on connaît : 1° La *marne calcaire,* qui contient plus de pierre à chaux que d'argile, qui est d'une couleur blanche ou jaunâtre et s'émiette à l'air; 2° la *marne argileuse,* qui renferme de l'argile en plus grande quantité que du carbonate de chaux, dont la couleur est d'un gris verdâtre, et qui se délaye dans l'eau avec laquelle elle fait pâte; 3° la *marne sablonneuse,* qui est composée de beaucoup de sable et de peu d'argile, est d'une couleur blanche et se réduit en poussière trèsfacilement. Les marnes s'emploient en agriculture pour amender les terrains.

§ 3. — Fossiles.

Origine et forme des fossiles. — Les fossiles sont des corps ou des débris de corps organisés, enfouis dans des terrains déposés par les eaux où ils se sont solidifiés.

On découvre souvent des fossiles à l'état d'empreinte tantôt en relief et tantôt en creux; on dirait que l'art s'est plu à imiter la nature; les végétaux apparaissent souvent dans cet état.

Tantôt les fossiles découverts ont conservé les parties constitutives des corps pétrifiés, tantôt leur substance a été remplacée par une autre. Quelquefois on ne rencontre plus que l'empreinte d'un corps, ou la place vide occupée par ce corps, qu'une cause destructive a fait disparaître. C'est le secret de Dieu.

Questions.

1. Qu'est-ce que les argiles ?— Quelles sont leurs qualités les plus remarquables ?—Expliquer l'argile plastique, — l'argile smectique ou terre à foulon, — l'argile ocreuse.

2. De quoi les marnes sont-elles composées ? — Combien y a-t-il d'espèces de marnes ?

3. D'où viennent les fossiles ? — Comment les découvre-t-on ? — Quelles formes remarque-t-on dans les fossiles ?

HISTOIRE NATURELLE

SECONDE PARTIE

BOTANIQUE

LEÇON XIII

§ 1. — Végétaux en général.

Botanique et végétaux. — *La Botanique est une science qui a pour objet l'étude des végétaux, la connaissance de leur organisation et de leurs rapports mutuels.*

Les végétaux sont des êtres organisés et vivants, dépourvus de sensibilité et de mouvements volontaires, mais doués de l'irritabilité. Ils sont fixés, pour la plupart, au lieu où ils ont pris naissance, et se nourrissent de substances inorganiques qu'ils puisent autour d'eux, par des organes particuliers, dans le sol, dans l'eau et dans l'atmosphère.

§ 2. — Des parties constitutives des plantes.

Principaux tissus des plantes. — L'élément principal des plantes se compose d'un tissu particulier formé de lamelles transparentes qui constituent de petites cavités. Ce que l'on nomme des *vaisseaux*, n'est autre chose que des *lames* roulées sur elles-mêmes, dont la réunion forme des *fibres*; et l'on appelle *parenchymes* les cavités dont la consistance est molle et spongieuse. Ces deux modifications du tissu cellulaire, fibre et parenchyme, en se combinant de diverses manières, constituent les organes des végétaux et en déterminent la forme. Les parties solides des végétaux s'offrent donc sous trois états : *tissu cellulaire, tissu vasculaire* et *tissu fibreux.*

Tissu cellulaire. — Le tissu *cellulaire*, qui a la propriété d'absorber très-facilement l'eau qui le baigne ou qui est répandue dans l'air atmosphérique, existe dans tous les végétaux ; il en est même quelques-uns, comme les champignons, les lichens, qui en sont formés uniquement.

Tissu vasculaire. — Le tissu *vasculaire* se compose de lames de tissu cellulaire roulées sur elles-mêmes, de manière à former des *vaisseaux* qui parcourent les différentes parties du végétal, pour y porter les substances gazeuses ou liquides nécessaires à son existence.

Tissu fibreux. — Le *tissu fibreux* se compose de la réunion des filets opaques appelés *fibres* que l'on aperçoit sur la coupe longitudinale des tiges des végétaux. Les fibres sont formées de cellules allongées en tubes qui vont en se rétrécissant à leurs extrémités, et qui sont soudées par du tissu cellulaire. Elles sont groupées parallèlement, de manière qu'elles sont enchevêtrée les unes dans les autres dans le sens de la longueur. Cette disposition fait que les tiges sont plus faciles à se fendre en long qu'en travers ; dans le sens longitudinal, on ne fait que désunir les fibres, tandis que transversalement on est obligé de les rompre.

Les fibres varient en ténacité et en consistance, selon la nature des substances qui sont contenues dans les cavités de leurs vaisseaux, et auxquelles seules il faut attribuer les couleurs si diverses dont les bois se parent.

§ 3. — Division des plantes.

Division générale des plantes. — Les plantes se divisent en plantes *ligneuses* et en plantes *herbacées*. Les plantes ligneuses sont celles dont les tiges se convertissent en bois. Elles comprennent les *arbustes*, les *arbrisseaux* et les *arbres*.

Les *arbustes* sont des végétaux ligneux qui se ramifient dès leur base et ne portent pas de bourgeons, par exemple les *bruyères*.

Les *arbrisseaux* sont aussi ramifiés dès leur base, et ne portent pas de bourgeons, comme les *lilas*.

Les *arbres* ont le tronc nu inférieurement, et ramifié seulement vers sa partie supérieure, comme le *chêne*, le *sapin*.

Les plantes *herbacées* sont celles dont les tiges sont généralement molles, tendres, vertes, et meurent ordinairement tous les ans, Elles sont connues de tout le monde sous le nom d'*herbes*.

Division des plantes relativement à leur durée. — Relativement à leur durée, les plantes se divisent en trois classes : en plantes *annuelles*, dont les racines et les tiges se développent et meurent dans la même année ; en *bisannuelles*, dont les racines et les tiges prennent leur développement et périssent au bout de deux ans ; et en *vivaces*, dont les racines subsistent un nombre d'années indéterminé.

Ces divisions n'ont rien d'absolu, car un arbre de la même espèce pourra, suivant la culture ou les expositions, présenter les trois variétés d'arbuste, d'arbrisseau et d'arbre, comme aussi une plante annuelle pourra, sous l'influence de certaines circonstances, telles que le changement de climat et les soins de la culture, devenir bisannuelle ou vivace, et réciproquement.

Signes pour marquer la division des plantes. — Pour éviter la répétition des termes *annuelles*, *bisannuelles*, les botanistes se servent de certains signes empruntés à l'astronomie. Ainsi ils représentent les plantes annuelles par le signe de la terre ⊙ ; on sait que la terre met un an à faire sa révolution autour du soleil ; les plantes bisannuelles sont désignées par le signe de Mars ♂ ; la planète de Mars met à peu près deux ans (686 jours) à faire sa révolution ; les plantes vivaces sont marquées par le signe de Jupiter ♃ ; la planète de Jupiter emploie plusieurs années (4,392 jours) à faire sa révolution ; et le signe de Saturne ♄ désigne les arbres et les arbrisseaux qui, pour la plupart, vivent un grand nombre d'années ; Saturne met près de trente ans (10,752 jours) à faire sa révolution autour du soleil.

Questions.

1. Qu'est-ce que la botanique ? — Qu'est-ce que les végétaux ?

2. De quoi se compose l'élément principal des plantes ? — Qu'est-ce qu'on nomme vaisseaux, fibres, parenchymes ? — Expliquez le tissu cellulaire, le tissu vasculaire et le tissu fibreux.

3. Comment divise-t-on les plantes en général ? — Qu'entend-on par arbustes, arbrisseaux, arbres ? — Comment divise-t-on les plantes relativement à leur durée ? — Ces divisions sont-elles absolues ? — Quels signes emploie-t-on pour désigner les plantes annuelles, bisannuelles, vivaces et ligneuses ?

LEÇON XIV

SUITE DE LA BOTANIQUE

§ 1. — Organes des plantes. — Organes de la nutrition.

Division des organes. — Les divers organes des végétaux se rapportent à deux grandes divisions. Les uns, tels que la racine, la tige, les feuilles sont destinés à alimenter la plante : on les appelle *organes de la nutrition* ; les autres, tels que le pistil, l'étamine, le fruit, etc., ont pour objet la reproduction de l'espèce : ce sont les *organes de la reproduction*.

Organes de la nutrition. — La nutrition s'opère d'une manière très-simple dans les plantes ; ici, point d'altération préalable des sucs nutritifs : absorbés par les pores innombrables qui couvrent la surface du végétal, ils se mêlent immédiatement avec la séve, et vont fournir aux organes les matériaux nécessaires à leur conservation et à leur accroissement.

Les organes de la nutrition sont la *racine*, la *tige*, les *bourgeons* et les *feuilles*.

§ 2. — De la racine en général.

Racine. — Sa direction. — Particularités pour certains végétaux. — La racine est la partie située à l'extrémité inférieure de la plante, et cachée ordinairement sous terre. — Elle sert à fixer le végétal au sol et à lui fournir une partie de ses sucs nourriciers.

La racine tend toujours à descendre, quels que soient les obstacles qu'elle rencontre ; elle n'est jamais colorée en vert.

Certains végétaux comme le *lierre*, le *gui*, les *mousses*, les *lichens*, enfoncent leurs racines et dans la terre, et sur les murs, et sur l'écorce d'autres arbres : ce sont là de véritables parasites vivant aux dépens d'autrui. Les plantes aquatiques laissent flotter librement la plupart de leurs racines à la surface des eaux et se tiennent fixées par une seule, implantée dans la vase. Les plantes rocailleuses envoient leurs filaments radicaux à la recherche des sucs nutritifs à travers les crevasses et les interstices des rochers.

Parties principales dans la racine. — Dans la racine on distingue trois parties principales, savoir : le *collet*, le *corps* et les *radicelles*.

Le *collet*, nommé aussi *nœud vital*, est le point de séparation entre la racine et la tige ; d'un côté, le végétal tend à s'élever, et de l'autre à descendre. C'est le séjour d'une force mystérieuse qu'on pourrait appeler l'âme de la plante.

Le *corps* est la partie moyenne de la racine ; il est ordinairement renflé.

Les *radicelles*, qu'on nomme encore le *chevelu*, sont des divisions plus ou moins nombreuses et ténues, placées à l'extrémité inférieure de la racine. Elles se terminent en petits cônes blanchâtres ou *spongioles* qui, comme autant d'éponges, pompent les fluides voisins et l'humidité du sol.

§ 3. — Genres principaux de racines.

Racines considérées d'après leur structure et leur durée. — On distingue ordinairement les racines par leur structure et par leur durée ; considérées sous ce double rapport, elles forment cinq groupes ou genres principaux : elles sont *pivotantes, fibreuses, tubéreuses, bulbeuses* et *ligneuses*.

Les racines *pivotantes* ont la forme conique et s'enfoncent perpendiculairement dans la terre ; telles sont celles de la *carotte*, du *navet*, du *frêne*.

Les racines *fibreuses* sont composées de filaments minces et ramifiés, ressemblant aux radicelles ; elles serpentent horizontalement dans la terre ou rampent à sa surface : telles sont les racines du *palmier* et de l'*orge*.

Les racines *tubéreuses* se renflent en corps solides et charnus, et sont des amas de fécule amylacée et de bourgeons qu'on appelle *yeux ;* ceux-ci se trouvent dans les interstices des portions charnues. A ce groupe appartiennent les *pommes de terre*.

Les racines *bulbeuses* sont formées d'écailles charnues se recouvrant les unes les autres. L'*oignon*, le *lis*, le *safran* ont des racines bulbeuses.

Les racines sont *ligneuses* quand elles sont formées d'un tissu *ligneux* ou de bois, et que les tiges vivent longtemps sans se renouveler ; à cette catégorie appartiennent les racines du *chêne*, du *sapin*, du *poirier*, etc.

Questions.

1. Comment peut-on diviser les organes des végétaux ? — Nommez les organes de nutrition. — Nommez les organes de reproduction.—Comment s'opère la nutrition ?

2. Qu'est-ce que la racine ? — Quelle est sa direction ? — Que faut-il observer sur certains végétaux, comme le lierre, le gui, les mousses, les lichens ?—Combien de parties principales distingue-t-on dans la racine ? — Expliquez le collet, le corps, les radicelles.

3. A quoi distingue-t-on ordinairement les racines ? — Qu'entend-on par racines pivotantes, fibreuses, tubéreuses, bulbeuses et ligneuses ?

LEÇON XV

SUITE DE LA BOTANIQUE

DE LA TIGE

§ 1. — De la tige en général.

Définition de la tige. — Quelques particularités. — La tige est cette partie de la plante qui, prenant naissance au collet même de la racine, tend à s'élever verticalement en cherchant l'air et la lumière, et se couronne de feuilles et de fleurs. — Elle existe en général dans tous les végétaux; mais elle est quelquefois si peu développée qu'on la distingue à peine de la racine avec laquelle elle se confond au collet. Dans d'autres plantes, au contraire, la tige prend un accroissement considérable, soit en hauteur, soit en grosseur. Quelques plantes en sont dépourvues, comme la *truffe*; certaines paraissent ne pas en avoir; tels sont les *lichens*, les *mousses*.

La tige est remplie intérieurement par la moelle, qui manque entièrement à la racine. Elle verdit, tandis que celle-ci conserve toujours une couleur foncée.

§ 2. — Diverses espèces de tiges.

On compte, en général, cinq espèces de tiges, savoir : le *tronc*, le *stipe*, la *souche*, le *chaume* et la *tige* proprement dite.

1º Le *tronc* est une tige allongée, cylindrique, ligneuse, et perdant de son volume à mesure qu'elle s'éloigne de sa base. A une certaine hauteur, elle se partage en *branches* qui se divisent elles-mêmes en *rameaux*.

2º Le *stipe* est une tige droite, cylindrique, aussi volumineuse à son extrémité qu'à sa base, renflée à sa partie moyenne, et qui, au lieu de se ramifier à son sommet, se couronne d'un bouquet de fleurs. Elle est ligneuse et particulière à la famille des *palmiers*.

3º *Souche* ou *rhizome*. On donne ce nom à une tige vivace, horizontale, rampante, souterraine et cachée aux trois quarts par le sol. Chaque année, elle émet une tige extérieure. Elle s'avance progressivement ; mais tandis qu'elle gagne du terrain par sa marche en avant, sa partie postérieure se détruit.

Elle a été considérée comme une racine ; on la remarque dans l'*iris*.

4º Le *chaume* est le nom que l'on donne à une tige droite, cylindrique, creuse intérieurement et marquée de distance en distance de *nœuds* et de cloisons.

5° La *tige*, proprement dite, est celle qui appartient aux plantes herbacées. Elle diffère complétement des genres précédents.

Les tiges présentent plusieurs variétés, c'est-à-dire qu'elles ont une structure particulière, suivant que les végétaux germent avec une ou deux feuilles séminales, appelées *cotylédons*.

§ 3. — Des parties qui composent la tige.

Dans les plantes dicotylédones, la tige ligneuse est composée de trois parties principales qui sont, en allant de la circonférence au centre, l'*écorce*, le *corps ligneux* et la *moelle*.

1° L'*écorce* se compose de quatre parties délicates : l'*épiderme*, l'*enveloppe herbacée*, les *couches corticales* et le *liber*, qui paraissent ne former qu'un seul corps. L'*épiderme* ou *corticule* se trouve à la surface externe de la plante qu'il enveloppe tout entière. C'est une

membrane mince, transparente, et dont la couleur varie. L'épiderme est quelque peu extensible ; mais si la
tension est trop forte, il se fendille, se déchire et tombe
en petites lames. L'*enveloppe herbacée* est une couche
de tissu cellulaire, ayant la consistance et la couleur
de l'herbe et gisant immédiatement au-dessous de l'é-
piderme. Les *couches corticales* sont situées immédiatement au-dessous de l'enveloppe herbacée. Elles re-
vêtent le *liber* et constituent une sorte de tissu en
réseau qui a l'apparence d'une dentelle. Le *liber* ou
livret est formé de cellules allongées, pleines de tissu
cellulaire. Il est indispensable à la végétation et sert
de véhicule au suc séveux ; c'est par lui encore que la
vie se communique aux greffes. Il se détache quelquefois par lames et se régénère avec facilité, si l'on a soin
de le soustraire à l'influence de la lumière.

2o Le *corps ligneux* comprend l'*aubier* et le *bois*.

Par suite de son développement, le liber se change en
aubier ou *faux-bois*; celui-ci est la première portion
constitutive du corps de l'arbre ; il est placé immédiatement sous le liber, d'abord mou, peu serré, ayant
les fibres écartées et faibles, d'une couleur plus claire
dans les végétaux dont le bois est rouge ou noir.

A mesure que l'aubier s'avance vers le centre, il se
durcit davantage et se convertit en *bois* ou *cœur de
l'arbre*. Celui-ci se trouve donc immédiatement au-
dessous de l'aubier; c'est la portion la plus serrée, la
plus résistante du tronc.

Au centre du bois, on observe une sorte de canal
empli d'une matière moins solide. On appelle ce canal
étui médullaire, la matière qu'il renferme se nomme
moelle.

Les plantes monocotylédones sont dépourvues de
couches régulières, d'épiderme, de canal médullaire et
de moelle localisée.

Questions.

1. Qu'est-ce que la tige? — Existe-t-elle dans tous les végétaux? — De quoi est-elle intérieurement remplie?

2. Combien d'espèces de tiges? —Qu'est-ce que le tronc, le stipe, la souche, le chaume, la tige proprement dite? — D'où viennent les variétés des tiges?

3. Quelles parties composent la tige ligneuse dans les plantes dicotylédones? — Qu'est-ce que l'épiderme? — l'enveloppe herbacée?— les couches corticales? — le liber? — Qu'est-ce que l'aubier? — Comment se forme le bois? — Qu'appelle-t-on étui médullaire et moelle? — De quelles parties sont dépourvues les plantes monocotylédones?

LEÇON XVI

SUITE DE LA BOTANIQUE

BOURGEONS ET FEUILLES

§ 1. — Des bourgeons.

Bourgeons. — État des bourgeons. — Formation et progrès des bourgeons. — On appelle *bourgeons* de petits tubercules qui se remarquent sur la tige ou sur ses divisions, et qui renferment en eux les rudiments des feuilles, des fleurs et des rameaux. — Formés de petites écailles appliquées les unes sur les autres, les bourgeons sont encore défendus, dans la plupart des végétaux de notre climat, par un duvet épais et moelleux et par une espèce de vernis qui les tiennent abrités contre le froid et l'humidité.

Le bourgeon se révèle d'abord en été par un point presque imperceptible nommé *œil*; il grossit jusqu'à l'automne et prend le nom de *bouton*; alors, dans les contrées froides, il s'arrête et se cache dans des enveloppes écailleuses pour se soustraire à l'influence du climat; mais, dès que le printemps renaît et que la séve circule dans la tige, il semble se réveiller, prend de la vie et se développe entièrement. Dans les régions intertropicales, les bourgeons n'ayant rien à redouter des intempéries du climat, sont dépourvus d'écailles et sont dits bourgeons *nus*.

Diverses sortes de bourgeons. — On distingue plusieurs sortes de bourgeons. Les uns se développent dans l'aisselle des feuilles et sont appelés *bourgeons proprements dits*; ils peuvent être nus ou pourvus d'écailles; les autres croissent sous terre et portent des noms

distincts. Ainsi on appelle *turion* le bourgeon de l'asperge, et *bulbe* celui du lis.

Suivant qu'ils portent des feuilles ou des fleurs, ou des feuilles et des fleurs à la fois, les bourgeons sont dits *florifères*, et *folifères* ou *mixtes*.

§ 2. — Des feuilles.

Feuilles. — Sont-elles dans toutes les plantes ? — Les *feuilles* sont des expansions membraneuses, de couleur généralement verte, qui naissent sur la tige, les rameaux, et parfois même sur le collet de la racine. — Elles jouent un grand rôle dans le végétal, dont elles constituent la partie la plus variée. On les trouve dans toutes les plantes, à l'exception de quelques-unes de la classe des acotylédones, telles que l'*orobanche*, le *cactus*, les *champignons*, qui n'offrent aucune apparence de feuilles.

Fonctions des feuilles. — Préfoliation. — Les feuilles sont en quelque sorte des racines aériennes des plantes ; elles puisent au milieu de l'air atmosphérique les sucs nourriciers, tandis que les racines recherchent ces mêmes éléments dans le sein de la terre.

Les feuilles, avant leur développement, sont renfermées dans certains bourgeons, qui se développent au temps de la végétation ; elles offrent, dans cet état, un certain ordre, différent suivant les espèces, mais toujours uniforme dans les végétaux de la même famille : cet arrangement a reçu le nom de *préfoliation*.

Composition et parties des feuilles. — Les feuilles sont composées de fibres, d'épiderme et de parenchyme.

On distingue généralement deux parties dans la feuille : le *disque*, dont le bord se nomme *limbe*, qui est la feuille proprement dite, et le *pétiole*, connu vulgairement sous le nom de *queue de la feuille.*

Le *pétiole*, en se continuant, traverse la feuille dans toute sa longueur et forme la nervure médiane qui la partage en deux parties égales. Cette nervure envoie de chaque côté des prolongements appelés *nervures secondaires*. Ces dernières, en se divisant, constituent les *veines*, dont les ramifications, de plus en plus ténues, ont reçu la dénomination de *veinules*, et forment un réseau délicat qui est comme la charpente de la feuille, et dont chaque maille est occupée par le *parenchyme*, substance spongieuse qui remplit dans les feuilles et dans les jeunes tiges les intervalles entre les plus fines ramifications. Quelquefois la feuille surgit immédiatement de la tige, sans être portée sur un pétiole ; elle prend alors le nom de feuille *sessile* ou non *pétiolée.*

Formes et position des feuilles. — La feuille est *entière*, lorsque la circonférence ne présente aucune découpure ; *dentelée*, lorsque cette même circonférence présente de petits intervalles en forme de dents que ne remplit point le tissu cellulaire ; *divisée*, lorsque quelques-unes des nervures n'arrivent pas au sommet et laissent de grands espaces ; *lobée*, si ces interstices s'étendent jusqu'à la base.

Les feuilles sont : *opposées*, lorsque, placées deux par deux à la même hauteur et partant de points différents, elles se trouvent vis-à-vis l'une de l'autre ; *alternes*, quand elles naissent une à une sur différents points de la tige ; *verticillées*, si elles présentent la forme d'une couronne autour de la tige.

On donne encore plusieurs autres dénominations aux feuilles, selon les formes variées qu'elles affectent.

Questions.

1. Qu'appelle-t-on bourgeons? — Comment le bourgeon se révèle-t-il? — Combien y a-t-il de sortes de bourgeons?

2. Qu'est-ce que les feuilles?— Les trouve-t-on dans toutes les plantes?—Quelles sont les fonctions des feuilles? — Qu'est-ce que la préfoliation? — De quoi les feuilles sont-elles composées? — Qu'est-ce que le disque et le limbe? — Qu'est-ce que le pétiole?—Qu'est-ce que les nervures et le parenchyme? — Qu'entend-on par feuille sessile? — entière? — dentelée? — divisée? — lobée? — opposée? — alterne? — verticillée?

LEÇON XVII

SUITE DE LA BOTANIQUE

ORGANES DE LA REPRODUCTION

§ 1. Fleurs.

Organes de la reproduction. — Les organes de la reproduction dans les végétaux sont ceux qui servent à la propagation des espèces. On désigne sous le nom de *fleurs* la réunion des organes reproducteurs et des organes accessoires destinés à protéger les premiers.

A côté des feuilles de la plante, et généralement plus tard qu'elles, paraissent des corpuscules, aux couleurs brillantes et variées, qui se dessèchent quelques jours après s'être épanouis; ce sont les fleurs, organes de la reproduction dans le végétal.

Position des fleurs. — Quelquefois la fleur surgit sur la tige ou sur les rameaux de la plante, sans aucun appendice intermédiaire; dans ce cas elle est dite *sessile*; mais ordinairement elle s'élève sur un support appelé *pédoncule*; il en est ainsi, par exemple, du *géranium*, de la *tulipe*, du *lilas*.

Souvent, aussi, elle est entourée comme d'une guirlande de petites feuilles dont la forme varie à l'infini et qui sont connues sous le nom de *bractées*. Dans certaines espèces, ces bractées entourent la fleur en manière de collerette et prennent le nom d'*involucre*. Dans la *mauve*, l'*œillet* et quelques autres plantes, l'involucre est très-rapproché du *périanthe* ou enveloppe de la fleur, dont nous ferons connaître plus tard les parties constitutives; et même, parfois, il enveloppe entièrement la fleur; il prend alors le nom de *spathe*.

Disposition de la fleur. — Rien n'est si varié que la

disposition des fleurs : dans le blé, l'orge, le seigle, elles forment un *épi*; dans la vigne, une *grappe*; dans le marronnier et le lilas, un *thyrse*; dans d'autres plantes, un *corymbe*; cette dernière disposition a lieu lorsque les pédoncules, partant de différents points de la tige, arrivent à la même hauteur. Enfin, les pédoncules se subdivisent parfois à l'infini, s'écartent comme les rayons d'un parasol, et alors la fleur est dite *ombellée* ou *en ombelle*.

§ 2. — Organes de la fleur.

Pistil, étamine, corolle, calice. — En examinant attentivement une fleur, la primevère, par exemple, on reconnaît les divers organes qui concourent à la reproduction de la plante. Au centre, un corps étroit, allongé, s'appuyant sur une petite sphère, supporte une petite boule : c'est le *pistil* ou l'organe femelle. Au pourtour, on aperçoit cinq petites saillies libres, arrondies, couvertes d'une poussière verdâtre; ce sont les *étamines*, ou l'organe mâle. En dehors des étamines, et extérieurement, ces expansions, de couleur jaune et en forme d'entonnoir, constituent la *corolle*, ou l'enveloppe extérieure. Enfin la partie externe, celle qui est d'un vert pâle, marquée de cinq lignes saillantes, et qui entoure la corolle, est ce que l'on nomme le *calice*.

Fleur complète, hermaphrodite, mâle, femelle, unisexuelle. — La fleur est *complète*, lorsqu'elle renferme des étamines et des pistils, entourés d'un calice et d'une corolle. — Elle est incomplète, lorsqu'elle manque de l'une de ces deux parties.

On donne le nom collectif de *périanthe* aux deux organes protecteurs : le calice et la corolle.

L'étamine et le pistil sont les organes essentiels de la reproduction.

La présence simultanée de ces deux derniers organes fait donner à la fleur le nom d'*hermaphrodite*. On la dit fleur *mâle* lorsqu'elle ne renferme que des étamines; fleur *femelle*, quand elle ne contient que des pistils ; elle est appelée *unisexuelle* lorsqu'elle ne porte que l'un ou l'autre de ces organes. — La plupart des fleurs sont hermaphrodites.

Plantes monoïques, dioïques, polygames. — Il n'est pas rare qu'une fleur porte à la fois des fleurs mâles et des fleurs femelles dans des enveloppes séparées ; la plante est alors *monoïque*. — Elle est *dioïque*, lorsqu'elle porte des fleurs mâles sur un pied et des fleurs femelles sur un autre ; *polygame*, lorsqu'elle contient en même temps des fleurs hermaphrodites et des fleurs mâles ou femelles.

§ 3. — Calice.

Calice, sépales, divisions du calice. — Le *calice* est l'enveloppe la plus extérieure de la fleur. L'enveloppe unique qui, à défaut de la corolle, protége la fleur, porte également le nom de calice.

Il fait suite à l'écorce du pédoncule qui soutient la fleur, et est formé par une ou plusieurs petites divisions ou folioles nommées *sépales*. De là on appelle le calice *monosépale*, *disépale*, *polysépale*, selon qu'il est composé d'une, de deux ou de trois divisions.

§ 4. — Corolle.

Corolle, pétales, variétés de la corolle. — Outre le calice, la fleur a généralement une seconde enveloppe intérieure ; cette enveloppe est désignée sous le nom de *corolle*.

Elle peut, comme le calice, se composer de plusieurs folioles, qui prennent ici le nom de *pétales*. Elle est *monopétale* ou *polypétale*, suivant qu'elle a un ou plusieurs pétales. — Chaque pétale est attaché à la base de la fleur par un prolongement mince et pointu de la corolle que l'on appelle *onglet*.

Les variétés de forme sont très-nombreuses dans la corolle. Elles peuvent, toutefois, être ramenées à deux classes : la corolle est *régulière* ou *irrégulière*. Elle est *régulière*, lorsque toutes ses parties sont semblables et forment un ensemble symétrique ; — elle est *irrégulière*, lorsque ses parties diffèrent les unes des autres.

Questions.

1. Qu'est-ce que les organes de la reproduction ? — Qu'est-ce que les fleurs ? — Quelle est la position de la fleur ? — Expliquez le pédoncule, — les bractées, — l'involucre, — le périanthe, — le spathe. — Qu'est-ce que l'épi, — la grappe, — le thyrse, — le corymbe, — l'ombelle ?

2. Expliquez le pistil, — l'étamine, — la corolle, — le calice. — Quand la fleur est-elle complète, — hermaphrodite, — mâle, — femelle, — unisexuelle, — monoïque, — dioïque, — polygame ?

3. Quelle est l'enveloppe la plus extérieure de la fleur ? — Qu'est-ce que le sépale ? — Quels noms reçoit le calice d'après le nombre de sépales ?

4. Quelle est l'enveloppe intérieure de la fleur ? — Qu'est-ce que le pétale ? — Quand la corolle est-elle monopétale ou polypétale ? — Qu'est-ce que l'onglet ? — Quand la corolle est-elle régulière ou irrégulière ?

LEÇON XVIII

SUITE DE LA BOTANIQUE

(Suite des organes de la reproduction.)

§ 1. — Étamines.

Parties de l'étamine. — L'étamine, ou organe mâle, est une expansion du corps ligneux et des vaisseaux du végétal. Elle est rarement unique, et entoure ordidinairement le pistil; quelquefois elle occupe le centre de la plante.

Elle se compose de trois parties : l'*anthère* le *pollen*, et le *filet*.

1o L'*anthère*, cette partie essentielle de l'étamine, a la forme d'une petite capsule membraneuse. Elle occupe, repliée sur elle-même, le sommet de l'étamine. Elle est tantôt libre et isolée, et tantôt adhérente ou soudée à une autre.

La forme de l'anthère varie beaucoup : tantôt elle représente un fer de flèche, un casque, un bouclier; tantôt elle est arrondie, anguleuse, aplatie.

2° Le *pollen* est cette poussière fécondante contenue dans les loges de l'anthère. Au microscope, il se présente sous la forme d'un amas de petits globules ou de petites graines arrondies; pour bien le distinguer à l'œil nu, il faut déchirer les anthères d'une grosse fleur, du *lis*, par exemple.

Le pollen est blanc, jaune ou verdâtre; mais sa couleur est le plus souvent jaune.

3° Le *filet* est un petit filament plus ou moins allongé qui supporte l'anthère. Il est droit, cylindrique, quelquefois filiforme. Le filet est la partie la moins importante de l'étamine ; il manque dans plusieurs plantes, et alors l'étamine est dite *sessile.*

Insertion et disposition de l'étamine. — Le point où l'étamine prend naissance s'appelle *insertion.* Relativement à leur insertion, les étamines présentent trois dispositions qu'il est essentiel de bien connaître, parce qu'elles servent de base à la classification des végétaux :

Elles sont *hypogynes* quand elles sont libres de toute adhérence avec le calice et l'ovaire, sous lequel elles sont insérées ; — *périgynes* quand elles naissent autour de l'ovaire et qu'elles adhèrent aux parois du calice, — *épigynes*, lorsqu'elles sont insérées au sommet de l'ovaire.

§ 2. — Pistil.

Parties du pistil. — Le *pistil* est l'organe femelle du végétal; il se trouve ordinairement au milieu des étamines et occupe la partie centrale de la fleur.

Comme l'étamine, le pistil se compose de trois parties : l'*ovaire*, le *style* et le *stigmate.*

1° L'*ovaire* est la partie inférieure du pistil ; il est généralement ovale et se divise à l'intérieur en plusieurs cavités où sont renfermées les graines ou semences non fécondées. On distingue dans l'ovaire la partie supérieure et la partie inférieure. La partie inférieure forme la continuation du pédoncule qui soutient la fleur. La partie supérieure donne attache aux parties constituantes de la fleur. Elle se nomme *réceptacle.* Celui-ci est *propre*, s'il ne reçoit qu'une fleur, et *commun* s'il en reçoit plusieurs.

D'après sa position, relativement à l'enveloppe florale, l'ovaire est *libre* ou *adhérent*. Il est *libre*, lorsqu'il ne fait pas corps avec le calice ; il est *adhérent,* lorsqu'il est soudé en tout ou en partie avec cet organe.

2° Le *style* est cette partie du pistil qui se trouve au-dessus de l'ovaire, et qui supporte toujours le stigmate. C'est un petit canal destiné à transmettre à l'ovaire le pollen déposé sur le stigmate. Il forme le prolongement de l'ovaire, au sommet duquel il s'insère le plus souvent; quelquefois on le voit sur les parties latérales.

Il est tantôt *unique*, tantôt *multiple*; quelquefois il manque absolument. Il est dit *caduc* ou *persistant*, selon qu'il tombe ou subsiste après la fécondation.

3° Le *stigmate* est ce petit évasement qui se présente généralement à la partie supérieure du style.

Questions.

1. Qu'est-ce que l'étamine? — De combien de parties se compose l'étamine ? — Qu'est-ce que l'anthère, — le pollen, — le filet? — Quand les étamines sont-elles hypogynes, — périgynes et épigynes ?

2. Qu'est-ce que le calice ? — De combien de parties se compose le calice ? — Expliquez l'ovaire et le réceptacle. — Quand le réceptacle est-il propre ou commun? — Quand l'ovaire est-il libre ou adhérent? — Qu'est-ce que le style? — Quand est-il unique, — multiple, — caduc ou persistant? — Qu'est-ce que le stigmate ?

LEÇON XIX

SUITE DE LA BOTANIQUE

FRUIT, PÉRICARPE, GRAINE

§ 1. — Fruit et péricarpe.

Fruit, fructification, composition du fruit. — Le *fruit* n'est autre chose que l'ovaire de la fleur arrivé à son état de perfection; — la fructification est l'acte par lequel l'ovaire se change en fruit. Le fruit se compose de deux parties qu'il faut bien se garder de confondre; ce sont le *péricarpe* et la *graine*.

Péricarpe. — On donne ce nom à l'enveloppe extérieure du fruit. Le péricarpe existe dans tous les fruits; il est formé par les parois de l'ovaire; mais quelquefois il est très-mince et se distingue à peine de la graine, comme dans le blé; on dit, dans ce cas, que la graine est *nue*.

§ 2. — Graines.

Graine, embryon. — La *graine* est cette portion du fruit qui renferme le rudiment d'une plante nouvelle; son enveloppe ou épiderme se nomme *épisperme*.

L'*embryon* est le germe qui renferme, à l'état rudimentaire, toutes les parties constitutives d'une nouvelle plante. L'embryon se compose de trois parties : *radicule*, *plumule* et *cotylédon*.

Radicule, plumule. — La *radicule* est une petite proéminence ovoïde placée à l'extérieur de l'embryon. Elle paraît la première à l'époque de la germination et tend à s'enfoncer vers le sol pour donner la vie à la nouvelle plante. Avant la germination, elle est simple; durant la germination, elle se divise en petits filets.

La *plumule* est la partie rudimentaire de la tige ; son nom lui vient de sa ressemblance avec une plume. Elle est placée en forme de bourgeon dans l'intérieur du cotylédon unique, ou entre les cotylédons, s'il y en a plusieurs, et elle tend à s'élever au-dessus du sol. Elle est simple ou composée ; dans tous les cas, elle est formée par plusieurs petites feuilles repliées sur elles-mêmes ; celles-ci en se développant, donnent naissance aux feuilles *primordiales*, c'est-à-dire aux feuilles qui viennent immédiatement après les séminales.

§ 3. — Corps cotylédonaire.

Cotylédon, base de classification. — Le *cotylédon* est l'organe qui favorise le développement de la jeune plante ; il est épais et charnu lorsque le périsperme manque, il est au contraire mince, lorsqu'il coexiste avec le périsperme.

Le corps cotylédonaire constitue les premières feuilles du végétal ; il est inséré à l'endroit où naît la *plumule*.

Ces premiers organes ont toujours les plus grands rapports avec la structure intérieure du végétal ; c'est pourquoi plusieurs botanistes ont cru y découvrir les bases les plus solides de la science, et, dans leur système, la classification des plantes a lieu d'après le nombre de leurs cotylédons. Nous décrirons donc ces corps avec quelque détail.

Le cotylédon est quelquefois simple et quelquefois double.

Corps cotylédonaire simple. — Simple, le cotylédon se présente sous l'aspect d'une masse charnue où rien n'est distinct. La germination seule dissipe la confusion et le chaos, et laisse apercevoir alors la radicule, recouverte ordinairement d'une enveloppe appelée *co-léorhize*. Cette masse charnue est latérale à la radicule et à la plumule; simple, sans divisions, sans fentes, elle offre l'apparence d'un seul cotylédon. Les plantes dont l'embryon forme une seule masse charnue, c'est-à-dire un seul cotylédon, sont rangées dans une classe dite des *monocotylédones*.

Corps cotylédonaire double. — Le corps cotylédonaire double a une radicule cylindrique, nue, saillante et constituant la racine du végétal ; l'œil y distingue deux parties d'une épaisseur variable, et insérées au même point; elles sont en rapport avec le périsperme: dures, épaisses, charnues, quand celui-ci manque ; elles sont, lorsqu'il existe, molles et minces. Ces parties constituent les cotylédons, qui sont au nombre de deux et quelquefois plus nombreux. Les plantes à deux ou plusieurs cotylédons forment une seconde classe, appelée classe des *dicotylédones*.

Plantes sans cotylédons. — Il y a des plantes qui sont privées de corps cotylédonaire, ou dans lesquelles, du moins, ce corps n'a pas été aperçu; elles n'ont, par conséquent, ni fleurs, ni graines ; ces plantes forment une troisième classe, celle des *acotylédones*.

État des cotylédons avant la germination. — Avant la germination, les cotylédons restent cachés dans l'embryon et sont alors appelés *hypogés;* mais, dès qu'ils sont en contact avec l'air et sous l'influence de la lumière, ils se gonflent, se dilatent et se dirigent au-dessus du sol; ils sont dits alors *épigés ;* en se développant tout à fait, ils constituent ce qu'on nomme les *feuilles séminales.*

Méthode naturelle. — Cette division des plantes par les cotylédons nous conduit directement à la classification des végétaux par *la méthode naturelle de Jussieu,* telle qu'elle a été modifiée par les plus grands professeurs de l'école botanique moderne.

Les deux méthodes qui ont eu le plus de célébrité avant Jussieu, sont la classification de Tournefort, botaniste français, et celle du Suédois Linnée, le premier naturaliste de son siècle.

MÉTHODE NATURELLE DE JUSSIEU

PLANTES

DIVISIONS GÉNÉRALES	CARACTÈRES GÉNÉRAUX	CLASSES
Acotylédones (dépourvues de cotylédon).	ayant des organes reproducteurs apparents et des expansions semblables à des feuilles . . .	1 Cryptogames.
	sans apparence de tige ni de feuilles.	2 Amphigames.
Monocotylédones (ayant un seul cotylédon).	Étamines insérées : sur l'ovaire	3 Monoépigynes.
	sur le calice.	4 Monopérigynes.
	sous l'ovaire.	5 Monohypogynes.
Dicotylédones (ayant deux cotylédons.	Périanthe double : étamines hypogines sans adhérence avec le périanthe ni avec l'ovaire	6 Thalamiflores.
	aux pièces soudées à leur base, soit entre elles, soit avec les étamines ou avec l'ovaire	7 Caliciflores.
	étamines naissant sur la corolle. . . .	8 Corolliflores.
	Périanthe simple	9 Monochlamydées.

Questions.

1. Qu'entend-on par fruit et par fructification ? — De quoi est composé le fruit ? — Qu'est-ce que le péricarpe !

2. Définissez la graine et l'embryon. — De quoi se compose l'embryon ? — Qu'est-ce que la radicule ? — Qu'est-ce que la plumule ?

3. Qu'est-ce que le cotylédon ? — Où est inséré le cotylédon et que constitue-t-il ? — Qu'ont cru découvrir les botanistes dans les corps cotylédonaires ? — Que savez-vous du corps cotylédonaire simple ? — Comment nomme-t-on les plantes qui en sont pourvues ? — Que savez-vous du corps cotylédonaire double ? — Quelle classe forment les plantes à deux cotylédons ? — Quelle classe forment les plantes sans cotylédons ? — Quel est l'état du corps cotylédonaire avant la germination ? — Que savez-vous de la méthode naturelle de Jussieu ?

LEÇON XX

SUITE DE LA BOTANIQUE

PLANTES ACOTYLÉDONES
(1er embranchement.)

§ 1. — Classe des cryptogames.

Acotylédones. — Les végétaux de cet embranchement n'ont ni fleurs, ni fruit; ils n'offrent souvent qu'un tissu cellulaire homogène. La manière dont ils remplissent les fonctions de la nutrition et de la reproduction diffère totalement de celle des plantes parfaites. Ils ont une racine cachée et une tige. Cet embranchement se divise en deux classes : les *cryptogames* et les *amphigames*. *Cryptogames*, plantes dont la reproduction est cachée; *amphigames*, plantes dont la reproduction est double.

Caractère des cryptogames. — Parmi les végétaux de cette classe, les uns aiment les eaux et les lieux marécageux ; d'autres se plaisent dans les contrées arides et incultes, ou s'attachent à des tiges d'arbres, qu'ils garantissent en même temps, comme un vêtement, contre les intempéries des saisons; ils offrent, quand ils sont bien développés, des trachées et des vaisseaux. Ils ont une racine.

Famille des cryptogames. — Cette classe renferme sept familles principales : les *marsiléacées,* les *fougères*, les *lycopodiacées*, les *équisétacées*, les *characées*, les *mousses* et les *hépatiques.*

Les plantes les plus connues de ces familles sont les *marsilées* et les *pilulaires à globules*, parmi les *marsiléacées;* — dans les *fougères* : l'*ophioglosse*, l'*osmonde*, le *cétérach officinal*, les *polypodes*, les *doradilles*, les

capillaires, les *scolopendres*, les *adianthes*; — dans les
lycopodiacées : les *lycopodes à massue*, les *lycopodes
sélagines*, les *ptérides* ou *aigles impériales*; — dans
les *équisétacées* : la *prêle des champs*, le *pôle polymor-
phe*; — dans les *characées* : les *charagnes*, dont les variétés sont nombreuses; — dans les *mousses* : les *spha-
gnes* ou mousses des marais, les *bryes* qui tapissent
les forêts; les *mnies* qui voilent la nudité des rochers;
la *fontinale d'Amérique*, la *fontinale d'Europe* qui em-
pêche, dit-on, la communication du feu; les *hymnes*,
aux formes élégantes; — dans les *hépatiques* : on
trouve des expansions membraneuses vertes et simu-
lant une tige garnie de feuilles distinctes. Les principaux genres sont les *jongermannes* et les *marchantia*.
— La *marchantia polymorpha* était employée, chez les
anciens, contre les maladies du foie; la *marchantia he-
mispharica*, commune en Europe, est employée actuel-
lement en médecine.

§ 2. — Classe des amphigames.

Caractère des amphigames. — Les végétaux de cette
classe présentent une masse diversement découpée et
quelquefois arrangée en symétrie. Mais ils n'ont rien
qui ressemble à une tige, à une feuille ou à une fleur
ils ont des sporanges et des séminules placés tantôt à
la surface et tantôt à l'intérieur de la plante; ces organes sont presque imperceptibles. Il est impossible
de découvrir sur ces végétaux des trachées ou des artères. On peut les reproduire par section; c'est de là
que leur est venu le nom d'amphigames, qui signifie
reproduction double.

Familles des amphigames. — Les amphigames comprennent trois familles principales : les *lichénées*, les
fungacées, les *algues*.

1º La famille des *lichénées* est si nombreuse, ses variétés présentent des formes si diverses, qu'il est difficile de bien la caractériser. Les lichénées sont, en général, des expansions sèches, coriaces et membraneuses, ornées de couleurs parfois très-vives et imitant assez bien les feuilles. L'espèce la plus importante est le *lichen d'Islande*, employé comme médicament précieux dans les affections de poitrine.

2º Les *fungacées* sont des plantes parasites, de forme tuberculaire. Les genres les plus connus sont les *morilles*, les *bolets*, les *agarics* et les *truffes*.

3º Les *algues* sont des plantes aquatiques, d'une organisation extrêmement simple, qui sont formées, en général, de filaments, tantôt minces, déliés, sans consistance, tantôt gros, arrondis ou aplatis, souvent ramifiés et offrant des lames minces, entières et lobées, dont la substance paraît homogène, ou traversée seulement par des filets vasculaires. Les genres principaux sont : les *conferves*, les *trémelles*, et les *varecs* ou *algues marines*. A ce dernier genre appartiennent les *goëmons* gigantesques qui, s'élançant des fissures des rochers, flottent en masses immenses sur le sein des mers, à une distance considérable du rivage.

Questions.

1. Quelle remarque faites-vous sur les acotylédones ? — Quels sont les caractères des cryptogames ? — Nommez les principales familles des cryptogames. — Quelles sont les plantes les plus connues dans les marsiléacées, — dans les fougères, — dans les lycopodiacées, dans les équisétacées, — dans les chara-cées, — dans les mousses, — dans les hépatiques ?

2. Quels sont les caractères des amphigames ? — Nommez les familles des amphigames. — Quelles sont les plantes les plus connues dans les lichenées, — dans les fungacées, — dans les algues ?

LEÇON XXI

SUITE DE LA BOTANIQUE

PLANTES MONOCOTYLÉDONES

(2ᵉ embranchement.)

§ 1. — Monocotylédones.

Caractères et classes des monocotylédones. — Les plantes de cet embranchement sont ainsi nommées parce que leurs graines n'ont, lors de la germination, qu'un seul cotylédon. Herbacées en général, elles ont des organes sexuels et quelquefois d'éclatantes corolles. Elles sont beaucoup plus nombreuses et plus grandes que les plantes formant le premier embranchement. Néanmoins, elles ne renferment qu'un petit nombre d'arbres. Leur tige est un *stipe* élancé, simple, cylindrique, surmonté comme d'un panache de feuilles étalées ou pendantes en dôme gracieux vers la terre. Ces plantes prennent leur accroissement par le centre, et leur stipe est également gros, à peu près, dans toute son étendue. Cet embranchement comprend trois classes : les *monoépigynes*, les *monopérigynes*, les *monohypogynes*.

§ 2. — Classe des monoépigynes.

Caractères des monoépigines. — Cette classe se compose de plantes qui ont les étamines insérées sur le pistil et l'ovaire infère ou adhérent. Les étamines, au nombre de trois ou de six, en général, peuvent varier de une jusqu'à treize. Ces végétaux ont rarement une grande utilité pour l'homme : mais ils sont remarquables par l'éclat de leur corolle et quelquefois par l'excellence de leur fruit.

Familles des monoépigynes. — Les *monoépigynes* forment plusieurs familles, dont les principales sont : 1° les *orchidées*, plantes gracieuses et variées, parmi lesquelles on remarque l'*orchis moucheron*, aux fleurs rosées ou purpurines ; l'*orchis sureau*, aux fleurs jaunes marquées de lignes et de points rougeâtres ; l'*orchis militaire*, avec un casque ovale aigu ; l'*orchis à deux feuilles*, dont les fleurs blanchâtres répandent une odeur suave, surtout le soir ou à l'ombre. — 2° Les *iridées*. Les genres remarquables de cette famille sont : les *iris*, remarquables par les riantes couleurs de leur corolle et par la forme de l'enveloppe florale. Les variétés principales sont : l'*iris des marais*, l'*iris d'Allemagne* et l'*iris de Florence*, dont la racine est recherchée à cause de son odeur de violette ; les *safrans*, groupe considérable, d'un grand usage dans la pharmacie, la peinture et l'économie domestique. Les variétés les plus communément employées sont : le *safran d'Orient* et le *safran cultivé*.

§ 3. — Classe des monopérigynes.

Caractères et familles des monopérigynes. — Cette classe, plus nombreuse que la précédente, offre, comme elle, des plantes remarquables par les riches couleurs de leurs fleurs, par l'agréable saveur de leurs fruits et par l'utilité de leurs produits. Leur caractère distinctif est l'adhérence des étamines au calice, de telle sorte qu'elles cèdent avec les sépales. Parmi les familles les plus importantes de cette classe, nous citerons les *liliacées*, les *asparaginées* et les *palmiers*.

1° Famille des *liliacées*. — Les plantes de cette famille, qui tire son nom du *lis*, ont des tiges herbacées, des racines bulbifères ou fibreuses, des feuilles alternes, sessiles ou engaînantes. Il y a deux variétés de lis, le *lis blanc* et le *lis jaune*, remarquables tous les deux par leur port majestueux.

Les *aloès* sont des plantes à racines vivaces et fibreuses, à feuilles très-épaisses et succulentes, dont les fleurs sont disposées en épis.

Les *aulx*, dont les principales variétés sont *l'ail cultivé*, le *poireau*, l'*oignon*, l'*échalote*, la *civette*, la *rocambole*, ont un calice campanulé, formé de six sépales, des fleurs en ombelles et des racines bulbeuses.

Les *tulipes*, les *asphodéles*, les *jacinthes*, les *hémérocalles*, les *ananas*, font également partie des liliacées.

2º Famille des *asparaginées*. — Les tiges de cette famille sont herbacées ou sarmenteuses. Les *asperges* forment le genre le plus important de cette famille.

Les autres genres principaux sont les *muguets*, dont les fleurs en clochettes exhalent une odeur agréable ; les *salsepareilles*, dont l'emploi est fréquent en médecine, et les *fragons*, arbrisseaux élégants, à feuilles toujours vertes et hérissées de pointes.

3º Famille des *palmiers*. — Les végétaux de cette famille sont les plus élevés des monocotylédones ; ils sont très-nombreux dans les régions intertropicales. La tige (*stipe*), ligneuse, cylindrique, formée de fibres longitudinales, s'élance comme une flèche dans les airs jusqu'à une hauteur de soixante mètres. Elle est couronnée par un bouquet de fruits très-larges, à palmes, ou affectant la forme d'un éventail.

Les genres les plus importants de la famille des palmiers sont le *dattier* et le *cocotier*.

§ 4. — Classe des monohypogynes.

Caractères et familles des monohypogynes. — Les végétaux de cette classe fournissent en général des ali-

ments à l'homme et des fourrages aux animaux domestiques.

Leur caractère distinctif est l'insertion des étamines
sous l'ovaire.

Cette classe comprend plusieurs familles, dont la
plus importante est celle des *graminées*, posées en
épis ou en panicules; elles n'ont ni calice, ni corolle;
de simples écailles tiennent lieu de ces enveloppes.
L'écaille extérieure, analogue au calice, et appelée
glume, se partage généralement en deux valves, dans
lesquelles plusieurs fleurs sont rassemblées en un petit
groupe nommé *épillet*; l'écaille intérieure, appelée
balle ou *glumelle*, se partage également en deux valves. Les étamines sont ordinairement au nombre de
trois; l'ovaire est libre, uniloculaire, et surmonté de
deux stigmates barbus. Le fruit est un *cariopse*.

Les principaux genres de cette famille naturelle
sont le *froment,* le *seigle*, l'*orge*, l'*avoine*, le *riz*, le
maïs, le *panic*, le *millet*, le *gazon des prairies*, l'*ivraie*,
la *canne à sucre*, etc.

Questions.

1. Quels sont les caractères des plantes monocotylédones ?— Comment les divise-t-on?

2. De quelles plantes se compose la classe des monoépigynes? — Famille des monoépigynes.— Quels sont les genres remarquables des orchidées et des iridées?

3. Quels sont les caractères et les familles des monopérigynes ? — Quels sont les genres les plus remarquables des liliacées, des asparagynées et des palmiers?

4. Quels sont les caractères et les familles des monohypogynes? — Nommez les genres les plus importants des graminées ?

LEÇON XXII

SUITE DE LA BOTANIQUE

PLANTES DICOTYLÉDONES

(3e embranchement.)

§ 1. — Dicotylédones.

Caractères et classes des dicotylédones. — On a donné le nom de *dicotylédones* aux plantes de cet embranchement, parce que leur embryon est formé au moins de deux *cotylédons* ; mais la structure de l'embryon n'est pas le seul caractère distinctif des végétaux de cette division. D'autres signes, tirés des organes de la végétation, servent à les différencier. Cet embranchement est le plus nombreux, puisqu'il comprend les cinq sixièmes des plantes connues ; il se divise en quatre grandes classes : les *thalamiflores*, les *caliciflores*, les *corolliflores* et les *monochlamydées*.

Caractères principaux des quatre grandes classes des plantes dicotylédones. — La classe des *thalamiflores* est caractérisée par un périgone double et polyphylle, et par l'insertion de ses étamines, qui sont hypogynes, attachées au réceptacle et sans adhérence avec l'enveloppe florale, ni avec l'ovaire.

La classe des *caliciflores* a également un périgone double ; seulement, les pièces du périgone sont, à leur base, plus ou moins soudées, soit entre elles, soit entre les étamines ou avec l'ovaire.

La classe des *corolliflores* a aussi un périgone double ; mais il est monophylle, et les étamines naissent de la corolle.

La classe des *monochlamidées* se distingue par un périgone simple.

§ 2. — Classe des thalamiflores.

Famille des thalamiflores. — Les plantes de cette classe sont remarquables par la beauté de leurs fleurs et la suavité de leurs parfums. Elles font le plus bel ornement des parterres. Mais, tandis que quelques-unes rendent des services à l'économie domestique et à la médecine, un plus grand nombre produisent des poisons violents. Cette classe comprend plusieurs familles ; nous ne nous occuperons que des plus intéressantes.

1° Famille des renonculacées. — Les *renonculacées* sont âcres et vénéneuses quand elles sont fraîches. Les principaux genres sont les *aconits*, les *anémones*, les *clématites*, les *hellébores*, les *pivoines*.

2° Famille des nymphéacées. — Les *nymphéacées*, dont les principaux genres sont les *nélombos*, plantes grosses, charnues, qui ont presque la même saveur que l'artichaut, et dont les graines sont aussi employées comme aliments dans l'Inde et en Egypte où croissent ces végétaux ; — les *nymphéas*, qu'on a longtemps confondus avec le genre précédent ; — les *nénuphars*, dont deux variétés remarquables : le *nénuphar blanc* et le *nénuphar jaune*, se trouvent abondamment en France, à la surface des étangs et des rivières.

3° Famille des papavéracées. — Les principaux genres de cette famille sont les *coquelicots*, ces jolies fleurs rouges si communes dans nos champs de blé ; leurs pétales sont employés en médecine comme calmant.

Les *chélidoines*. — Les variétés les plus remarquables sont la *grande* et la *petite*. Leur suc est jaune et très-caustique ; appliqué sur la peau, il en détermine la rubéfaction ; il peut même amener la mort, si le tissu cellulaire est dénudé.

Les *fumeterres*, vulgairement *fiel de terre*. — Les espèces les plus communes sont la *fumeterre bulbeuse* et la *fumeterre à épi*.

4° Famille des crucifères. — Cette famille renferme un grand nombre de plantes légumineuses, officinales et pouvant orner les jardins, entre autres les différentes sortes de *cresson*, de *choux* et de *raves*, le *cochléaria*, le *raifort*, la *giroflée*, la *julienne*, la *corbeille d'or*, le *pastel*, etc.

5° Famille des caryophyllées. — Dans les *caryophillées* sont les *saponaires* et toutes les variétés des *dianthées* ou *œillets*.

6° Les malvacées. — Les *malvacées* forment une famille de plantes tantôt herbacées, tantôt ligneuses. Les genres principaux sont les *mauves* et les *guimauves*, si utiles en médecine, et les *cotonniers*.

7° Les hespéridées. — Cette famille a pour genre unique les *citronniers*, qui comprennent deux sous-genres, les *orangers* et les *limoniers*.

8° Les ampélidées. — Les *ampélidées* sont composées de toutes les variétés connues sous le nom de *vignes*.

Questions.

1. Quels sont les caractères et les classes des dicotylédones? — Que faut-il remarquer sur les thalamiflores, — les caliciflores, — les corolliflores et les monochlamydées? — 2. Nommez les principales familles des thalamiflores. — Quels genres principaux offrent les renonculacées, — les nymphéacées, — les papavéracées? — Qu'est-ce que les crucifères? — Faites connaître les principaux genres des malvacées, — des hespéridées et des ampélidées.

LEÇON XXIII

SUITE DE LA BOTANIQUE

PLANTES DICOTYLÉDONES

§ 1. — Classe des caliciflores.

Familles principales des caliciflores. — Cette classe renferme un grand nombre d'espèces utiles à toutes les branches de l'industrie humaine, des arbres propres aux constructions ordinaires ou navales, des végétaux servant à l'alimentation de l'homme et des bestiaux et à la décoration de nos jardins. Elle renferme plusieurs familles. Voici les principales :

1° Famille des térébinthacées. — Cette famille comprend des arbres ou des arbrisseaux qui croissent principalement dans les régions intertropicales. L'*anacardier*, l'arbre d'*acajou*, le *pistachier franc*, le *pistachier térébinthe*, le *pistachier lentisque*, sont des genres de cette famille.

2° Famille des légumineuses. — La famille des *légumineuses* étant une des plus importantes et des plus utiles aux hommes, nous lui consacrerons quelques détails plus étendus. Les légumineuses se divisent en deux tribus : les *papilionacées* et les *mimosées*.

Les *papilionacées* ont un calice monosépale, une corolle irrégulière, pentapétale, papilionacée; dix étamines ordinairement diadelphes. Elles comprennent, entre autres genres, le *genêt*, petit arbuste qui a une tige haute d'environ un mètre, les fleurs jaunes et constituées en grappe terminale à la partie supérieure des ramifications de la tige. Le genêt fournit aux teinturiers une couleur jaune assez vive.

Le *haricot*, plante annuelle, volubile, à feuilles trifoliées. On le croit originaire de l'Inde, mais il est naturalisé depuis longtemps en Europe. Ce genre renferme de nombreuses variétés : toutes contiennent une grande quantité de matière nutritive, et sont farineuses; on fait une grande consommation de leurs graines.

Le *pois* est une plante communément annuelle, à feuilles pinnées et terminées par une vrille. Il est d'un grand usage dans l'économie domestique ; le *pois-chiche* est une variété remarquable.

La *fève*, aliment sain et agréable, surtout lorsqu'elle est jeune et petite.

La *lentille*, qui croît naturellement au milieu des moissons dans le midi de la France; elle se plaît dans les terrains sablonneux et légers, et donne une graine très-recherchée dans les usages domestiques.

La tribu des *mimosées* tire son nom de *mimosa*, la *sensitive*, qui en est le genre le plus célèbre. Les *acacias* et le *tamarinier* font partie de cette famille.

3° Familles des rosacées. — Les *rosacées* se divisent en quatre tribus principales : les *amygdalées*, les *fragariées*, les *rosées* et les *pomacées*.

Les *amygdalées* comprennent l'*amandier*, le *pêcher*, l'*abricotier*, le *prunier*, le *prunellier*, le *cerisier*, le *merisier*, etc.

Les *fragariées* ont pour genres principaux les *fraisiers*, les *ronces* et les *framboisiers*.

Les *rosées* constituent la troisième tribu, qui se compose d'un genre unique, le *rosier*.

Les *pomacées* forment la quatrième tribu, à laquelle le *pommier* donne son nom. Les autres genres sont le *poirier*, le *coignassier* et le *néflier*.

§ 2. — Suite des caliciflores.

4° Cucurbitacées. — La famille des *cucurbitacées*, dont toutes les plantes sont herbacées. Les principaux genres sont les *bryones*, les *cucumères*, dont font partie le *melon*, le *concombre*, la *coloquinte*, les *courges*, les *pastèques*, les *potirons*.

5° Ombellifères. — Les *ombellifères* ont pour genres les plus importants le *boucage*, dont une espèce est l'*anis*, le *chervi*, le *persil*, le *céleri*, le *fenouil*, la *coriandre*, la *carotte*, le *panais*, la *ciguë*, la *férule*. Les maîtres d'école de l'antiquité se servaient de la tige de cette plante pour châtier leurs élèves.

6° Rubiacées. — Les *rubiacées* renferment la *garance*, le *caféier* et le *quinquina*.

7° Synanthérées. — La famille des *synanthérées* est la plus nombreuse de la botanique. Ses trois tribus sont d'une grande utilité, soit dans l'économie domestique, soit dans la médecine.

1° Les *carduacées* comprennent les *chardons*, l'*artichaut*, le *carthame*, les *centaurées*, l'*armoise commune*, l'*estragon*, la *citronnelle*, les *immortelles*, la *bardane officinale*, etc.

2° Les *chicoracées* offrent entre autres genres le *salsifis*, le *scorsonère*, le *pissenlit*, la *laitue*, la *chicorée*, etc.

3° Dans la tribu des *corymbifères* se rangent les différentes variétés d'*aster*, la *marguerite*, le *chrysanthème*, la *camomille*, les *millefeuilles*, le *souci*, le *dahlia*, les *hélianthes*, la *santoline*, la *verge d'or*, l'*arnica*, etc.

Questions.

I. Quelles sont les familles principales des caliciflores ? — Quels sont les genres principaux des térébinthacées ? — Faites connaître les tribus des légumineuses. — En combien de tribus divise-t-on les rosacées ?

2. Que faut-il remarquer sur les cucurbitacées et leurs genres ? — Quels sont les genres les plus importants des ombellifères et des rubiacées ? — Quelle observation à faire sur les synanthérées et leurs trois tribus ? — Faites-les connaître, avec leurs plantes les plus utiles.

LEÇON XXIV

PLANTES DICOTYLÉDONES

§ 1. — Classe des corolliflores.

Caractères et familles des corolliflores. Genres principaux des jasminées, des apocynées, des solanées et des labiées. — Cette classe a une corolle monopétale soudée avec les étamines ; des étamines définies et au nombre de cinq en général ; l'ovaire libre ou supère, et sans adhérence avec les organes qui l'entourent. Elle comprend trente familles environ, dont nous indiquons les principales :

1° Familles des *jasminées*. — Les genres les plus importants sont le *jasmin*, l'*olivier*, le *lilas*, le *frêne*.

2° Dans la famille des *apocynées* on trouve la *pervenche* et le *laurier-rose*.

3° La famille des *solanées* comprend la *morelle* ou *solanum*, la *pomme de terre*, le *tabac*, la *jusquiame*, le *lyciet*, le *datura*, etc.

4° La famille des *labiées* se divise en cinquante genres environ dont voici les principaux : la *mélisse*, le *lycope*, le *romarin*, la *sauge*, la *lavande*, la *menthe*, le *thym*, le *serpolet*, l'*origan*, l'*hysope*, le *gléchome* ou *lierre terrestre*, le *lamier*, le *marrube*, les *germandrées*, etc., etc.

§ 2. — Classe des monochlamydées.

Caractères et familles des monochlamydées. — Les plantes qui composent cette classe sont caractérisées par un périgone simple ; elles manquent de corolle et ne sont protégées que par un calice, qui revêt quelquefois des couleurs assez vives. Les monoclamydées tirent leur nom d'un mot grec qui signifie *un seul manteau* ou enveloppe; ces plantes sont encore appelées *apétales*. Elles se font remarquer par leur utilité, plutôt que par leur beauté et par leur agrément. Leur bois sert, généralement, à la construction et au chauffage. Cette classe renferme vingt-cinq familles environ, dont nous citerons les principales.

Polygonées. — Laurinées. — Euphorbiacées. — 1° Les *polygonées* dans lesquelles on range les *renouées*, le *sarrasin* ou *blé noir*, les *patiences*, les *oseilles*, les *rhubarbes.*

2° Les *laurinées* auxquelles appartiennent le *laurier* ordinaire, le *camphrier*, le *cannelier*, le *sassafras*, le *muscadier*

3° Les *euphorbiacées* qui comptent dans les principaux genres la *mercuriale*, le *buis*, l'*hévéa*, arbre à caoutchouc, les *euphorbes*, le *ricin*, le *manioc.*

§ 3. — Suite des monochlamydées.

Urticées. — Juglandées. — Amentacées, — Conifères. — 1° La famille des *urticées* a quatre tribus : 1° les *pipéritées*, ainsi nommées du *poivrier*, seul genre de cette tribu ; 2° les urticées propres, ayant pour genre principaux les *orties*, la *pariétaire*, le *houblon*, le *chanvre* ; 3° les *artocarpées*, c'est-à-dire fruit pain, dont font partie les *artocarpes*, les *figuiers* et les *mûriers* ; 4° les *ulmacées* dont les deux genres sont les *ormes* et les *micocouliers.*

5° La famille des *juglandées* a un seul genre, le *noyer.*

6° Les *amentacées* se divisent en quatre tribus : 1° Les *salicinées*, deux genres remarquables, les *saules* et les *peupliers* ; 2° les *bétulinées*, deux genres princi-paux, le *bouleau* et l'*aune* ; 3° les *cupulifères* ou *quer-cinées*, dont le fruit est un *gland*, quelquefois enve-loppé en entier d'une *cupule*. En voici les genres les plus intéressants : le *chêne*, le *hêtre*, le *châtaignier*, le *charme* et le *platane*.

7° La famille des *conifères* comprend environ dix genres d'arbres presque toujours verts. Les princi-paux sont le *mélèze*, le *pin*, le *sapin*, l'*if* et le *gené-vrier*.

Questions.

1. Quels sont les caractères et les familles des corolliflores ? — Indiquez les principaux genres des jasminées, — des apocynées, — des solanées et des la - biées.

2. Quels sont les caractères et les principales feuilles des mono-chlamydées ? — Quels genres principaux renferment les poly-gonées, — les laurinées et les euphorbiacées ?

3. Combien de tribus forme la famille des urticées ? — Faites connaître ces tribus. — Que sa-vez-vous des juglandées ? — Ex-pliquez les quatre tribus des amentacées. — Qu'est-ce que comprend la famille des coni-fères ?

LEÇON XXV

SUITE DE LA BOTANIQUE

LES PLANTES LES PLUS UTILES A CONNAITRE

Division des plantes utiles à connaître. — Considérées sous le rapport de leur application aux besoins infinis de l'homme, les plantes peuvent se diviser en plusieurs classes. Nous en étudierons quatre principales : 1° *les plantes alimentaires*; 2° *les plantes usitées dans les arts*; 3° *les plantes médicinales*; *et* 4° *les plantes vénéneuses*, et nous n'indiquerons que les plantes les plus utiles à connaître et sur lesquelles nous n'avons pas déjà donné assez de détails.

Plantes alimentaires. — Graminées. — Les plantes alimentaires occupent le premier rang parmi les végétaux utiles à l'homme. C'est dans cette division que l'on range les *céréales*, plantes de la classe des *graminées*.

Blé ou Froment ordinaire.— Le blé est une plante herbacée annuelle qui s'élève sur une tige ou *chaume* de 1 mètre à 135 centimètres de hauteur et quelquefois plus, selon la bonté du terrain. Cette plante est caractérisée par des épillets multiflores, alternes et distiques, ayant une balle florale bivalve et souvent terminée par de longues barbes ou arêtes. La graine, d'une forme ovale, renferme une substance blanche, farineuse; formée principalement de fécule et d'une matière collante, grisâtre, appelée *gluten*. En broyant ces deux substances sous la meule, on obtient la *farine* qui sert à faire le pain le meilleur et le plus nourrissant. Le blé est, de toutes les graminées, celle qui paraît avoir été le plus anciennement cultivée; on la croit originaire du nord de l'Asie : des botanistes prétendent l'avoir trouvée à l'état sauvage dans quelques contrées de la Perse, et M. de Humboldt l'a vue dans l'Amérique méridionale. On sème le froment à deux époques différentes : au commencement de l'automne et au commencement du printemps; le premier se nomme *froment d'hiver* et le second blé *marsais* ou de mars; le temps de la moisson varie suivant la chaleur du climat. Le blé demande une terre fraîche et substantielle; cultivé à peu près universellement, il ne peut supporter la température d'un climat froid.

L'*épeautre* est une espèce de froment, cultivée dans quelques parties de la France. Une autre espèce de froment est remarquable par ses racines longues et rampantes, c'est le *chiendent*.

Seigle. — Dans le *seigle*, les épillets sont solidaires sur chaque dent de l'axe, les balles sont bivalves, biflores, et les valves opposées, plus petites que les fleurs. Sa tige est plus haute que celle du froment et son épi plus plat; sa farine, moins abondante et moins glutineuse, donne un pain savoureux mais un peu lourd, qui a l'avantage de rester frais assez longtemps. Le seigle paraît originaire du Levant, et particulièrement de l'île de Crète ; il se cultive dans toutes les parties de l'Europe, et réussit mieux que le froment dans les climats froids et dans les terrains maigres, légers et sablonneux. On le sème en automne et on le récolte en juillet avant le blé. Le seigle fournit aux bestiaux un excellent fourrage vert au printemps.

Orge. — L'*orge* diffère des genres précédents parce qu'elle a des balles de deux valves uniflores, au nombre de deux ou trois sur chaque dent de l'axe, et des balles florales et bivalves, souvent garnies d'arêtes longues. Cette plante annuelle ne s'élève guère qu'à un mètre;

originaire de la Russie, et peut-être aussi de la Sicile, elle est cultivée dans toute la France, principalement dans les montagnes, où elle réussit mieux que les autres céréales, à cause de la promptitude de sa végétation. L'orge se sème au printemps, dès que la saison permet de labourer la terre, et mûrit en trois ou quatre mois. Sa farine, inférieure à celle du seigle, donne un pain moins nourrissant, plus lourd et plus noir. Ce qu'on nomme *malt* est de l'orge germée et desséchée qu'on emploie pour fabriquer la bière. On appelle *orge mondé*, celui qui a été privé de son écorce amère et coriace, et *orge perlé*, celui que la mouture a lissé et arrondi comme les perles.

Avoine. — L'*avoine* est caractérisée par des balles bivalves ; les valves sont aiguës et la florale extérieure est garnie d'une arête sur le dos, excepté dans l'espèce cultivée. Celle-ci se sème à la même époque que l'orge et se récolte un peu plus tard ; elle réussit dans les mêmes terrains qu'elle. C'est une nourriture excellente pour les chevaux et les animaux de basse-cour ; elle a servi, dans les temps de disette, à faire du pain, mais ce pain est amer, noir et peu nourrissant.

Questions.

Comment peut-on diviser les plantes utiles à connaître ? — Que range-t-on sous le titre de plantes alimentaires ? — Que savez-vous du blé ? — Qu'est-ce que l'épeautre ? — Faites connaître le seigle. — Comment l'orge se distingue-t-il du blé et du seigle ? — A quoi sert-il ? — Qu'est-ce qui caractérise l'avoine ?

LEÇON XXVI

SUITE DE LA BOTANIQUE

PLANTES LÉGUMINEUSES [1]

§ 1. — Solanées.

Caractères des solanées. — Parmi les plantes, ces dons de Dieu, qui fournissent à l'homme des aliments substantiels, nous devons ranger la *pomme de terre.* Elle appartient à la famille des *solanées*, qui est comprise dans la classe des *fleurs en entonnoir.* Cette amille se compose de plantes à fleurs simples, complètes, monopétales, régulières, en rosette, en entonnoir ou en cloche, à cinq étamines ; l'ovaire devient une baie succulente ou un fruit mou et coriace ; ses feuilles sont alternes ordinairement. Les plantes solanées sont en général suspectes ; elles contiennent une substance qui produit la stupeur et le délire.

Morelle ou solanum. — Le principal genre de cette famille est la *morelle* ou le *solanum*, dont les étamines sont réunies par les anthères ; celles-ci sont percées de deux trous au sommet, le fruit est une baie à deux loges. C'est à ce genre qu'appartient la *morelle tubéreuse* ou la *pomme de terre*, dont la tige est herbacée, dont les fleurs sont blanches et quelquefois d'une teinte violette, et qui présente de distance en distance, sur ses racines longues et fibreuses, de gros tubercules, ordinairement arrondis ou oblongs qui contiennent une grande quantité de fécule et constituent l'excellent légume, connu sous le nom de *pomme de terre.*

Pomme de terre. — La *pomme de terre*, qu'on dit

1. *Voyez* la leçon XXIII, les *papilionacées*, où il est question des *lentilles*, des *pois*, des *fvèes.*

être originaire de l'Amérique, paraît avoir été apportée de la Virginie en Angleterre par l'amiral Raleigh, vers l'année 1586. De là, elle ne tarda pas à se répandre en Hollande et ensuite en France. Sa culture, pratiquée aujourd'hui sur toute la surface du globe, rencontra en France, dans le principe, une forte opposition; elle eut à surmonter les obstacles que lui opposait un préjugé qui considérait la pomme de terre comme dangereuse, parce qu'elle se trouve dans la famille des solanées. Mais la courageuse patience d'un estimable philanthrope, de Parmentier qui, le premier, introduisit en France la culture de cette plante, triompha de toutes ces clameurs absurdes; il parvint enfin à les étouffer complétement, en donnant un repas splendide dont la pomme de terre fit tous les frais, sous la main habile d'un Vatel bourgeois. Cette plante s'accommode de tous les terrains et de toutes les expositions; cependant le sol qui lui convient le mieux est une terre sablonneuse et grasse; elle devient pâteuse, lorsqu'elle est dans un terrain humide et glaiseux. La fécule de pomme de terre constitue un aliment très-sain et très-nutritif, quoique d'une grande légèreté; mêlée à la farine du froment, elle forme un pain excellent et d'une saveur agréable. La pomme de terre sert encore à préparer de l'amidon, de l'alcool et du sucre. On compte plus de cinquante variétés de pomme de terre, qui se distinguent par la forme ot la couleur.

§ 2. — Chénopodées. — Suite des plantes légumineuses.

Caractères des chénopodées. — Il est une autre plante dont la racine charnue, grosse et savoureuse, forme un aliment agréable et sain pour l'homme ainsi que pour les bestiaux; nous voulons parler de la *betterave*, qui appartient à la famille des *chénopo-dées*. Cette famille, qui est rangée dans la classe des polygonées, a pour caractères : une corolle nulle ou polypétale, souvent verte ou obscure, des étamines libres ou distinctes, plus apparentes que les corolles. Ses feuilles n'ont point ordinairement de stipules à à leur base.

Principaux végétaux des chénopodées. — Cette famille comprend plusieurs végétaux intéressants : l'*arroche* des jardins et l'*épinard*, dont on mange les feuilles ; la *bette* ou *poirée*, qui a une corolle à cinq divisions, trois étamines, et une semence en forme de rein, enfoncée dans un réceptacle capsulaire et irrégulier. C'est à ce genre que se rapporte l'espèce connue sous le nom de *betterave*.

Betterave. — Cette plante, qui a des feuilles larges, luisantes, d'un beau vert, et quelquefois d'un rouge violet, et une racine charnue et sucrée, est devenue précieuse depuis qu'on a découvert qu'elle renfermait en abondance un sucre comparable en tous points au sucre de canne, et un excellent alcool, pouvant rem-placer l'eau-de-vie de raisin. La betterave était à peu près inconnue en France au milieu du seizième siècle, et ne fut guère cultivée qu'à la fin du dix-huitième. Aujourd'hui cette culture a pris un grand développe-ment.

Questions.

1. Quels sont les caractères des solanées ? — Expliquez la morelle ou solanum. — Détails sur la pomme de terre.

2. Quels sont les caractères des chónopodées ? — Qu'est-ce que l'arroche, l'épinard, la poirée ?— Qu'est-ce qui distingue la bette-rave, et comment cette plante est-elle devenue précieuse ?

LEÇON XXVII

SUITE DE LA BOTANIQUE

PLANTES USITÉES DANS LES ARTS. — PLANTES UTILES A LA FABRICATION DES TISSUS

§ 1. — Le lin.

Parmi les plantes dont les filaments longs, souples et déliés servent à la fabrication des tissus, vêtement de l'homme, nous citerons le lin, le chanvre et le cotonnier.

Le *lin* est une plante herbacée de la famille des *caryophyllées* ou *fleurs en œillets*. Les plantes de cette famille, qui prend place elle-même dans la classe des *étoilées*, ont leurs rameaux axillaires, et leurs feuilles presque toujours opposées deux à deux. Leurs fleurs, pour la plupart, ont cinq ou dix étamines, qui sont presque constamment libres et séparées.

Le lin a un calice composé de cinq folioles, le même nombre d'étamines et de styles, et une capsule à cinq valves et à dix loges. Sa tige grêle et cylindrique, haute de soixante-dix centimètres à un mètre, porte des fleurs bleues et des feuilles éparses, lancéolées, d'un vert pâle.

La tige du lin est recouverte d'une écorce dont les fibres sont isolées en fils souples et déliés au moyen de deux opérations. La première, appelée *rouissage*, consiste à laisser séjourner la plante dans l'eau pour dissoudre la matière résineuse et gommeuse qui tient les fibres liées entre elles, et collées à la partie ligneuse de la tige. La deuxième, appelée *teillage*, consiste à broyer la partie fibreuse ou *chènevotte* au moyen d'un instrument de bois à lame émoussée, qui la met en éclat sans couper les fils. Cette dernière opération produit la filasse, qui est ensuite peignée et filée.

Le meilleur fil est employé à la fabrication des toiles fines, de la batiste, de la dentelle, et le fil ordinaire sert à faire d'excellentes toiles.

Les graines de lin produisent abondamment une huile fort employée dans la peinture des bâtiments.

Le lin, qui est originaire de la haute Asie, croît naturellement dans le midi de l'Europe,

§ 2. — Le chanvre.

Le *chanvre* appartient à la famille des *cannabiées*, qui est comprise dans la classe des *dioïques*. Cette famille, qui se compose de plantes à fleurs staminifères, et à fleurs pistilifères distinctes et séparées sur deux individus différents, a ses fleurs staminifères libres.

Le chanvre est une plante herbacée annuelle, dont les fleurs staminifères sont dépourvues de calice, et ont une corolle découpée en cinq segments, qui renferme cinq étamines ; ses fleurs pistilifères, dépourvues aussi de calice, ont une corolle entière qui s'ouvre sur le côté et renferme deux styles et un fruit bivalve. Sa tige droite, carrée, atteint jusqu'à deux mètres de hauteur et porte des feuilles découpées, rudes au toucher, à dents de scie, qui exhalent une odeur forte qui donne le vertige. Son fruit ou graine, appelé *chénevis*, contient une huile employée dans les arts et pour l'éclairage.

Le plus précieux avantage que l'on retire du chanvre réside dans les fibres corticales de cette plante, que l'on soumet aux mêmes préparations que le lin. La filasse que l'on en obtient est plus forte que celle du lin, mais moins fine et moins souple, aussi sert-elle plus spécialement à la fabrication des toiles gros-

sières et des cordages. Le chanvre, qu'on croit originaire de la Perse, est cultivé en grande quantité dans
diverses parties de l'Europe.

§ 3. — Cotonnier.

Le *cotonnier*, à qui nous devons ce duvet blanc appelé *coton*, est une plante exotique de la famille des
malvacées. Les végétaux de cette famille ont les fleurs
caractérisées par une petite colonne, formée par les
étamines réunies, par les filaments, à travers laquelle
passent les styles, d'où les malvacées ont pris aussi le
nom de *columnifères*, c'est-à-dire *porte-colonnes*. Ces
fleurs se détachent du réceptacle tout d'une pièce,
mais on remarque que leurs pétales sont distincts, et
n'adhèrent que par la base de leurs onglets. Le calice
est à cinq divisions, et le calice extérieur en a un plus
ou moins grand nombre. C'est à cette famille qu'appartient le *baobab*, l'arbre le plus gros et le plus grand
que l'on connaisse.

Le cotonnier a un calice intérieur en forme de vase,
un calice extérieur plus grand, découpé en trois segments, et des semences cotonneuses. Le cotonnier est
herbacé ou arborescent; ses feuilles alternes on digi-
tées sont divisées en cinq lobes, et ses fleurs solitaires, grandes, ont une couleur jaunâtre et pourprée.

Parmi les nombreuses espèces de ce genre, celle
qui est le plus généralement employée est le *cotonnier
herbacé* ou *de Malte*. Il varie beaucoup dans son port;
tantôt c'est une plante herbacée annuelle dont la hauteur n'excède guère cinquante centimètres; tantôt
c'est un arbuste dont la tige vivace et ligneuse s'élève
jusqu'à deux mètres au-dessus du sol. Il croît en Syrie, en Egypte, en Algérie, dans l'île de Chypre et

dans l'Amérique ; on le cultive aussi dans quelques contrées de l'Europe.

Le *cotonnier arborescent* s'élève sur une tige ligneuse à une hauteur de cinq à sept mètres. Venu d'Asie, il est aujourd'hui cultivé en très-grande quantité en Amérique. Le coton se récolte en septembre ; on recueille les grains du cotonnier et on les expose pendant trois jours au soleil. On sépare ensuite le coton des graines au moyen d'un moulin fait exprès. Dans cet état, il prend le nom de coton en laine, et est livré au commerce.

Le coton constitue toutes ces toiles connues sous le nom de calicot, de percale, de mousseline, et ces tissus imprimés dits *toiles peintes*.

Questions.

1. Quelles sont les plantes utiles à la fabrication des tissus ?— A quelle famille appartient le lin ? — Donnez des détails sur cette plante. — Qu'est-ce que le rouissage, le teillage ? — D'où le lin est-il originaire ?

2. A quelle famille appartient le chanvre ? —Expliquez cette plante — A quoi sert-elle ? — D'où est-elle originaire ?

3. Qu'est-ce que le cotonnier ? — Que savez-vous du cotonnier herbacé, — du cotonnier arborescent? — D'où le cotonnier est il originaire ? — A quoi sert-il ?

LEÇON XXVIII

SUITE DE LA BOTANIQUE

PLANTES UTILES DANS LES ARTS

§ 1. — Plantes à substances oléagineuses.

Olivier. — Il est un grand nombre de plantes qui fournissent des substances oléagineuses : celle qui donne par excellence l'huile dont nous nous servons pour la préparation de nos aliments, est un bel arbre connu sous le nom d'*olivier*.

L'*olivier* est rangé dans la classe des *jasminées*, qui renferme toutes les fleurs simples, complètes, monopétales, ayant l'ovaire dans la corolle et quatre étamines ou moins. L'olivier est caractérisé par les divisions de sa corolle qui sont ovales, par deux étamines et par un fruit à noyau monosperme. Cet arbre, dont la hauteur varie suivant les espèces et les climats, s'élève dans nos contrées méridionales à cinq ou sept mètres; ses feuilles sont toujours vertes et ses fleurs d'un blanc indécis ; les petits fruits, appelés *olives*, qui succèdent aux fleurs, sont d'un vert plus pâle que le feuillage.

C'est des olives entassées et pressées que l'on retire cette huile si pure et si douce avec laquelle on prépare certains aliments. Les olives confites paraissent sur les tables les plus délicates. L'olivier, originaire de l'Asie, est aujourd'hui ponr la Provence et les parties méridionales de l'Europe, où il est cultivé en grande quantité, une source de richesse et de prospérité. Cet arbre, connu des anciens, fut par eux vénéré comme un présent des dieux ; il eut partout le privilége d'être un symbole de paix.

Pavot. — Le *pavot* est le type de la famille des *papa-*

véracées proprement dites, dont les fleurs ont une corolle polypétale, un très-grand nombre d'étamines libres et placées sur le réceptacle, et un seul ovaire ; elles ont un ou plusieurs stigmates sessiles et privés de styles. Le pavot est une plante herbacée, caractérisée par un calice polyphylle, composé de deux feuillets, par une corolle à quatre pétales, et par un stigmate en plateau rayonné, s'ouvrant en-dessous. On en connaît plusieurs espèces : le *pavot noir* est celui dont les fleurs sont rougeâtres et les graines constamment noires : le *pavot blanc* a les fleurs et les graines blanches. Les graines contiennent en abondance une huile employée dans la peinture et dans la préparation des aliments, sous le nom d'huile d'*œillette*. C'est le pavot qui fournit aussi l'*opium*, cette substance narcotique dont les indolents Orientaux font un si fréquent usage. Cette plante est cultivée en Alsace, et plus particulièrement dans la Perse et dans la Syrie.

Colza. — Le *colza*, espèce du genre chou, donne une huile très-grasse qu'on emploie à l'éclairage. C'est du navet, autre espèce du même genre, que l'on retire une huile analogue connue sous le nom d'huile de *navette*, une de ses variétés. On fait en France un grand usage de ces huiles.

§ 2. — Plantes à matières colorantes.

Principales plantes colorantes, garance. — Parmi les plantes qui fournissent à l'homme des matières colorantes, les plus remarquables sont : la *garance*, le *pastel*, le *genêt*, l'*indigotier* et le *safran*.

La *garance* est de la famille des *rubiacées*, qui prend place elle-même dans la classe des campanulées. Les fleurs des rubiacées ont un ovaire géminé qui devient une capsule à deux coques ou à deux semences jumelles; elles ont quatre étamines au moins, et les feuilles ordinairement verticillées en rond autour de la tige.

La garance est une plante vivace, remarquable par sa corolle campanulée qui contient quatre étamines et un seul pistil, et par des baies géminées, monospermes. Elle pousse plusieurs tiges herbacées, quadrangulaires et hérissées de petits crochets. Ses fleurs sont jaunes et sa racine jaunâtre et noueuse.

C'est de la racine broyée et macérée que l'on extrait la matière colorante, qui est d'un rouge peu éclatant mais inaltérable. La garance est devenue l'objet d'une importante culture dans l'Alsace, la Normandie et le Languedoc. Elle ne se récolte qu'à la fin de la troisième année.

Pastel. — Le *pastel* se range dans la famille des crucifères à silicule. Il se distingue par une silicule allongée, pendante, à une seule semence. L'espèce dite des *teinturiers*, est une plante herbacée à tige droite, lisse, qui ne s'élève guère au-dessus d'un mètre. De la tige et des grains l'on retire une couleur bleue, solide, assez peu recherchée depuis que l'on peut se procurer en abondance l'indigo exotique. Cette plante, qui croît dans les terrains arides et pierreux, donne par an quatre ou cinq récoltes.

Genêt. — Le *genêt*, de la famille des *légumineuses*, dont nous avons donné la description page 115, est un petit arbuste caractérisé par un calice entier ou à peu près, à deux lèvres, par un étendard renversé, une carène bifide et pendante, un stigmate velu, et par des ailes divergentes. Il renferme plusieurs espèces fort communes : l'une d'elles, le *genêt des teinturiers*, fournit une très-belle couleur jaune. C'est un petit arbuste haut de soixante-dix centimètres et plus, selon le terrain, à fleurs jaunes, formant une grappe au sommet de la tige, à feuilles aiguës unies ou légèrement velues, que l'on trouve ordinairement dans les haies.

Indigotier. — L'*indigotier*, de la même famille, est un petit arbuste à fleurs rougeâtres, petites, sans odeur, qui croît sous la zone torride. De cette plante l'on retire l'indigo, la couleur bleue la plus belle et la plus estimée. L'indigotier est originaire de l'Inde orientale et se cultive en Amérique. L'indigo de la plus belle qualité nous vient du Bengale et de Guatimala.

Safran. — Le *safran* appartient à la famille des *iridées*, qui prend place elle-même dans la classe des liliacées. Les fleurs de cette famille ont trois étamines, une corolle à six divisions et une tige ordinairement herbacée. Le safran est caractérisé par une corolle tubulée, un limbe droit régulier, et trois stigmates roulés en crête. Ces stigmates, d'un rouge foncé, renfermant la substance colorante connue sous le nom de safran, et qui est d'un si haut prix dans le commerce. Cette couleur, d'un jaune pâle, n'est employée que dans les teintures précieuses, dans les enluminures, à cause de sa cherté; on en colore aussi le beurre, le vermicelle, les crèmes, les gâteaux, les liqueurs, surtout en Italie et dans le Levant.

Cette plante, qui est originaire d'Orient se cultive en plein champ dans plusieurs contrées de l'Europe, et principalement dans quelques-uns des départements de la France.

Questions.

1. Qu'entend-on par plantes oléagineuses? — A quelle classe appartient l'olivier? — De quel pays cette plante est-elle originaire? — Que savez-vous du pavot et de la famille à laquelle il appartient? — Qu'est-ce que le colza?

2. Quelles sont les principales plantes odorantes? — Qu'est-ce que la garance, et à quoi sert-elle? — Qu'est-ce que le pastel, — le genêt, — l'indigotier, — le safran? — De quels pays l'indigotier et le safran sont-ils originaires?

LEÇON XXIX

SUITE DE LA BOTANIQUE

PLANTES MÉDICINALES

§ 1. — Mauve et guimauve.

Mauves. — Parmi les plantes employées pour la guérison des maladies, nous ne citerons que celles qui croissent naturellement autour de nous, et dont l'usage est le plus fréquent.

La *mauve*, type de la famille des *malvacées*, dont il a déjà été question, est caractérisée par un calice extérieur de deux ou trois folioles, par un style multifide. On connaît plusieurs espèces de mauve: la *petite mauve* et la *grande*

La *grande mauve*, plus généralement employée, donne des tiges de soixante-six centimètres et plus, ordinairement droites. Ses feuilles sont larges, presque rondes et couvertes d'un léger duvet. Ses fleurs sont d'une belle couleur bleue tirant sur le carmin.

La *petite mauve*, appelée vulgairement *fromageon*, a ses fleurs teintes d'un rose pâle. La mauve fournit des tisanes très-adoucissantes ; elle doit sa vertu à la grande quantité de mucilage qu'elle contient.

Guimauve. — La *guimauve*, de la même famille que la mauve, en diffère peu ; son calice extérieur a neuf divisions ou un plus grand nombre ; sa tige s'élève à soixante-dix centimètres, souvent même à plus d'un mètre ; ses feuilles molles, disposées en cœur, sont recouvertes d'un léger duvet; ses fleurs offrent une belle teinte rosée, et sa racine est blanche et longue. Elle est employée aux mêmes usages que la mauve.

§ 2. — Chiendent. — Camomille. — Millefeuille. — Arnique des montagnes.

Chiendent. — Le chiendent est une espèce du genre froment, de la famille des graminées. Cette plante est remarquable par sa racine longue de trente-cinq à soixante centimètres, blanche, menue, et garnie, d'espace en espace, de nœuds d'où partent de petits filaments. Cette racine n'est point amère au goût et fournit, lorsqu'on la fait bouillir dans l'eau, une tisane rafraîchissante dont l'usage est fréquent.

Camomille. — La *camomille*, de la famille des radiées, est remarquable par son calice hémisphérique, imbriqué de plus de deux rangs d'écailles égales; elle a plus de cinq demi-fleurons. Il en existe plusieurs espèces qui jouissent toutes des mêmes propriétés. Ses fleurs sont jaunes, ses feuilles sont très-découpées, et si son goût est amer, son odeur est généralement agréable. On fait fréquemment usage, comme tonique de la tisane faite avec les fleurs de camomille.

Millefeuille. — La *millefeuille*, espèce du genre *achillée* et de la même famille, est encore employée comme médicament excitant. Il en est de même de *l'arnique* des montagnes, genre de la même famille et qu'on a surnommée la panacée des gens tombés.

§ 3. — Sauge. — Romarin. — Mélisse.

Sauge. — La *sauge* est de la classe des *labiées*, laquelle forme une famille naturelle très-nombreuse, qui se distingue par les caractères suivants : les fleurs sont simples, complètes, monopétales, irrégulières; leur corolle est fendue en deux lèvres : l'une supérieure, appelée *casque;* l'autre intérieure nommée *barbe.*

Dans quelques genres, le casque est peu déterminé,

les étamines, au nombre de deux ou de quatre, adhèrent à la corolle et se divisent, pour l'ordinaire, en deux parties inégales. A la maturité du fruit, on remarque quatre graines nues au fond du calice. Leur tige est ordinairement herbacée, quadrangulaire, rameuse, à feuilles opposées, et les fleurs sont disposées en anneaux ou verticilles autour de la tige.

La sauge a un casque en faucille et deux étamines réunies à leur base sur un pivot à bascule. On en compte plusieurs espèces, parmi lesquelles nous citerons la sauge des prés. Celle-ci a des fleurs bleues disposées en épi, des feuilles en cœur et exale une odeur pénétrante particulière. La sauge est employée comme un tonique puissant.

Romarin. — Le *romarin* est de la même famille; c'est un arbrisseau très-aromatique qui se distingue par un casque en faucille et par deux étamines garnies d'une dent. Ses feuilles sont sessiles, étroites et lancéolées, et sa fleur est d'un bleu pâle. Le romarin croît naturellement en Provence et dans les pays chauds. On l'emploie en fomentation à l'extérieur. L'huile volatile qu'il fournit entre dans la composition de l'eau de Cologne, et constitue la base de l'*eau de la reine de Hongrie.*

Mélisse. — La *mélisse* est un autre genre de la même famille. Elle présente les caractères suivants : le calice est strié; la division supérieure est à trois dents, la corolle a son casque voûté, bifide, et sa barbe a trois lobes. Sa tige est quadrangulaire et porte des feuilles en cœur à petits crans ou dents, qui donnent, quand on les froisse, une odeur aromatique; ses fleurs sont blanches et partent de la naissance des feuilles On se sert en médecine de la mélisse, dont l'eau distillée forme la majeure partie des potions excitantes. Quant à l'eau spiritueuse, connue sous le nom d'*eau* *de mélisse*, elle est rarement administrée à l'intérieur. Dans les cas de défaillance, on la fait respirer pour rétablir la circulation du sang. Les genres *lavande*, *hysope*, *thym*, et plusieurs autres de la famille, qui ont une odeur aromatique, sont employées quelquefois à faire des tisanes; le plus souvent on s'en sert pour faire des eaux distillées dans lesquelles on fait entrer tout l'arome de la plante.

§ 4. — Cochléaria. — Fumeterre. — Ricin. — Petite centaurée.

Cochléaria. — Le *cochléaria*, vulgairement appelé *herbe aux cuillers*, à cause de la forme de ses feuilles, est de la famille des crucifères. Il est caractérisé par ses fleurs blanches et par une silicule entière un peu renflée, terminée par un style court. Ses feuilles ont une saveur âcre et amère, jouissant d'une propriété antiscorbutique au plus haut degré.

Fumeterre. — La *fumeterre*, de la famille des papilionacées fausses, a un calice composé de deux folioles, par une corolle ringente, un éperon postérieur et des filaments chargés chacun de trois anthères. Ses fleurs sont jaunes et rougeâtres et disposées en épis. Sa tige longue de trente à quarante centimètres environ, est un peu couchée et croît dans les lieux cultivés. Cette plante est d'un usage fréquent dans le traitement des scrofules et des maladies de la peau. Deux espèces, la fumeterre bulbeuse et la fumeterre odorante, sont des plantes d'ornement recherchées des curieux.

Ricin. — Le *ricin*, type de la famille des ricinées qui se place elle-même dans la classe des monoïques. Cette famille se distingue par ses fleurs staminifères et ses fleurs pistilifères distinctes et séparées sur le même individu; ses fleurs staminifères ont plus de huit étamines. Le ricin ordinaire est une plante annuelle dans nos contrées et vivace en Amérique, où il s'élève à cinq ou six mètres de hauteur. On retire de ses graines une huile grasse, usitée comme purgatif.

Petite centaurée. — La *petite centaurée* est une espèce du genre gentiane de la famille des lysimachées. Les plantes de cette famille ont leurs fleurs en entonnoir ou en rosette, à cinq étamines; l'ovaire devient une semence nue ou une capsule sèche à une seule loge. La petite centaurée est une plante fort commune dans les bois, où elle fleurit au milieu de l'été: ses fleurs roses sont groupées au sommet de sa tige, et son goût est amer dans toutes ses parties. Elle est fréquemment employée comme tonique et comme fébrifuge.

Questions.

1. Qu'est-ce que la mauve? — Que savez-vous de la grande mauve, — de la petite? — Qu'est-ce que la guimauve? A quoi emploie-t-on ces plantes?

2. Que savez-vous du chiendent, — de la camomille, — de la millefeuille, — de l'arnique des montagnes? — A quoi servent ces plantes?

3. Expliquez la sauge, — le romarin, — la mélisse. — Dans quel but se sert-on de ces plantes?

4. Qu'est-ce que le cochléaria, — la fumeterre, — le ricin, — la petite centaurée? — A quoi emploie-t-on ces plantes?

LEÇON XXX

SUITE DE LA BOTANIQUE.

PLANTES VÉNÉNEUSES

§ 1. — Aconit et ciguë.

Principaux végétaux vénéneux. — Tous les végétaux ne possèdent pas la propriété d'être utiles et agréables à l'homme ; il en est quelques-uns qui sont pour lui des poisons dangereux. Aussi est-il nécessaire de les connaître afin de se garantir de leurs funestes effets. — Nous nous bornerons à citer l'aconit, la ciguë, la jusquiame, la belladone, la mandragore et les champignons.

Aconit. — L'*aconit* est une plante à fleurs violettes ou jaunes, qui exerce des effets extrêmement délétères sur l'économie animale ; on pense que c'est avec le suc d'une espèce d'aconit que quelques peuples anciens empoisonnaient leurs flèches.

Ciguë. — La *ciguë*, dont le nom se rattache à un triste souvenir, à la mort de Socrate, est une plante vénéneuse qui croît naturellement dans nos jardins. On en connaît trois principales espèces : la *grande ciguë*, la *petite ciguë* et la *ciguë vireuse*.

La grande ciguë a la tige cylindrique, fistuleuse, striée longitudinalement, rameuse et offrant à sa partie inférieure des taches d'un rouge sombre que l'on remarque aussi sur les feuilles, qui sont grandes et d'un vert foncé. Une odeur désagréable se dégage de toute la plante, surtout lorsqu'on la froisse entre ses doigts. Cette espèce est bisannuelle et croît communément près des haies. Elle produit de terribles effets sur l'économie animale, et détermine la mort au milieu d'atroces souffrances.

La *ciguë vireuse* possède une influence encore plus délétère que la grande ciguë. Elle croît ordinairement dans les lieux marécageux.

La *petite ciguë* ressemble beaucoup au persil, avec lequel on l'a souvent confondue, erreur qui a eu les suites les plus funestes. Cependant on les distingue facilement l'une de l'autre, en ayant égard à l'odeur de la plante, vireuse et nauséabonde dans la ciguë, aromatique dans le persil; à la forme, à la couleur de la tige, qui est cannelée et rougeâtre dans la première, lisse et d'un vert foncé dans la seconde; aux fleurs, d'un beau bleu dans la ciguë, d'un jaune verdâtre dans le persil, et enfin aux découpures des feuilles, plus larges et moins aiguës dans cette dernière plante.

Dans l'empoisonnement par la ciguë, il faut provoquer le vomissement et administrer ensuite les acides végétaux étendus, comme le vinaigre, le suc de citron.

§ 2. Jusquiame. — Belladone. — Mandragore.

Jusquiame. — La *jusquiame noire* est une plante annuelle, commune dans les lieux sauvages, qui s'élève à une hauteur de soixante-dix centimètres; des poils longs et gluants couvrent sa tige et ses feuilles d'un vert terne; ses fleurs, marquées de veines rougeâtres, sont d'un jaune pâle, et l'odeur qu'elle exhale est très-désagréable. Cette plante a des propriétés extrêmement délétères.

Belladone. — La *belladone* a la corolle d'un rouge terne, les feuilles grandes, de forme ovale, pointues, et exhalant une odeur nauséabonde; ses fruits ou baies sont charnus, ronds, d'abord verts, puis rouges et enfin noirs. Lorsqu'ils sont rouges, ils ressemblent assez à des cerises, mais il faut bien se garder de les confondre avec ces fruits savoureux; ceux-là, au contraire, renferment un poison violent dont l'ignorance, si elle n'était pas prudente, deviendrait victime. On combat les effets de ce poison et ceux de la jusquiame par l'usage de l'émétique, et ensuite par les boissons acidulées.

Mandragore. — La *mandragore* a la corolle monopétale, campaniforme, fendue en cinq parties. Son calice est en entonnoir, elle a cinq étamines et un pistil, son fruit est rond, mou, charnu, jaune et fétide, renfermant quelques semences arrondies et réniformes. Cette plante appartient à la famille des solanées; mais les étamines sont libres. Tout en elle annonce ses propriétés vénéneuses : l'odeur et la saveur. La mandragore est redoutable par ses qualités délétères; elle était célèbre autrefois par les propriétés merveilleuses qu'on lui attribuait.

§ 3. — Champignons.

Remarques utiles sur les champignons. — Si la famille des *champignons* fournit à l'homme des mets délicats et recherchés, elle lui offre aussi des substances extrêmement dangereuses et qui sont des poisons terribles. Le nombre des espèces est si considérable qu'on a souvent de la peine à faire la distinction entre celles qui sont comestibles et celles qui sont vénéneuses. La prudence fera donc rejeter les champignons qui prennent une couleur bleue ou verte, ceux dont la chair est mollasse, remplie d'eau et change de couleur quand on l'entame; ceux dont la saveur est amère, astringente ou poivrée, et enfin toute la nombreuse série de ceux qui croissent dans des lieux trop humides ou sur les troncs des arbres.

Remèdes contre les empoisonnements par les champignons. — L'empoisonnement produit par les champignons détermine des vomissements, des douleurs d'estomac, une soif ardente, des évacuations douloureuses, suivies de hoquets, de tremblements et de la mort. — Les principaux remèdes indiqués contre cette sorte d'empoisonnement sont d'abord l'émétique, lorsqu'il n'y a pas trop longtemps que les champignons ont été introduits dans l'estomac, et ensuite le vinaigre dont les effets ne tardent pas à se faire sentir.

Utilité de quelques plantes vénéneuses. — Toutes dangereuses qu'elles sont, les plantes véneneuses apportent cependant à l'homme leur tribut d'utilité. Le principe actif qu'elles recèlent est employé avec succès dans un grand nombre de maladies. Ainsi, l'*aconit*, la *jusquiame*, la *belladone* sont des médicaments très-énergiques.

Questions.

1. Quels sont les principaux végétaux vénéneux ? — Parlez de l'aconit. — Combien d'espèces de ciguë ? — Faites connaître la grande ciguë, — la ciguë vireuse, — la petite ciguë — Que faut-il faire dans l'empoisonnement par la ciguë ?

2. Qu'est-ce que la jusquiame, — la belladone, — la mandragore ? — Comment peut-on combattre les effets de ces poisons ?

3. Que faut-il observer sur les champignons ? — Quelle espèce faut-il rejeter ? — Quels sont les remèdes à employer ? — A quoi servent quelques plantes vénéneuses.

HISTOIRE NATURELLE

TROISIÈME PARTIE

ZOOLOGIE

LEÇON XXXI

§ 1. — Des animaux en général et des principales facultés
qui les caractérisent.

Zoologie. — La zoologie est une science qui a pour
objet la connaissance des animaux, et qui nous ap-
prend à les distinguer entre eux et à les classer suivant leurs caractères, leur conformation, leurs mœurs
et leurs habitudes, qu'elle décrit.

Animaux et leurs facultés. — Les animaux sont des
êtres organisés et vivants, doués de sensibilité et de
mouvement volontaire, et pourvus d'une cavité intérieure appelée *estomac* ou *canal intestinal*, destinée
à recevoir et à travailler les substances propres à les
nourrir.

Les animaux ont donc, de plus que les végétaux,
deux facultés essentielles qui les caractérisent, savoir :
la *sensibilité*, par laquelle les animaux connaissent
leur existence et celle des êtres qui les entourent, et

éprouvent certaines sensations de joie ou de douleur, de plaisir et de peine, produites sur eux par les corps extérieurs, et la *motilité* ou la faculté de se mouvoir, par laquelle ils peuvent changer de place à leur gré.

§ 2. Classification des animaux.

Division du règne animal. — Lorsqu'on cherche à classer les animaux, d'après leurs différents degrés de ressemblance et d'après les différences plus ou moins importantes qu'ils présentent, on voit qu'ils peuvent se rapporter à quatre types principaux, d'après lesquels ils semblent tous avoir été modelés. Aussi le règne animal est-il divisé, dans la méthode de Georges Cuvier, en quatre embranchements, savoir : les *animaux vertébrés*, les *animaux mollusques*, les *animaux articulés* et les *animaux rayonnés* ou *zoophytes*.

Division des animaux vertébrés. — Les animaux vertébrés se subdivisent en quatre classes, savoir : 1º les *mammifères*, animaux vivipares, à sang chaud et à mamelles, ayant presque toujours la peau recouverte de poils; 2º les *oiseaux*, animaux ovipares à sang chaud, sans mamelles, ayant des plumes et des ailes; 3º les *reptiles*, animaux presque tous ovipares, à sang froid, ayant la peau nue ou revêtue d'écailles; il y a aussi des serpents vivipares, les *vipères* ; 4º les *poissons*, animaux ovipares à sang froid, pourvus de nageoires et respirant au moyen des branchies.

§ 3. — *Première classe.* — Les mammifères.

Explication des mammifères. — Cette classe comprend la partie matérielle de l'homme et tous les animaux qui lui ressemblent le plus par les points les plus importants. Les mammifères méritent d'être placés au premier rang par la multiplicité de leurs mouvements, la délicatesse de leurs sensations, et par le développement de leur intelligence. Dans cette classe se rencontrent les animaux domestiques qui nous sont d'un si grand secours.

Les mammifères naissent vivants, et sont allaités par leur mère dans les premiers temps de leur vie ; le lait se forme dans des glandes appelée *mamelles*, et comme ces animaux sont les seuls qui soient pourvus de ces organes, on leur a donné le nom de *mammifères*, c'est-à-dire *porte-mamelles*, ils ont tous des poumons, le sang chaud et un cœur à quatre cavités distinctes.

Ordre des mammifères. — Les principales différences que les mammifères offrent entre eux sont basées sur la conformation des membres, des dents et de quelques autres organes. Elles ont donné lieu à distinguer neuf ordres parmi les mammifères, savoir : les *bimanes*, les *quadrumanes*, les *carnassiers*, les *marsupiaux*, les *rongeurs*, les *édentés*, les *pachydermes*, les *ruminants* et les *cétacés*.

MAMMIFÈRES

ANIMAUX A MAMELLES, NAISSANT VIVANTS, RESPIRANT PAR DES POUMONS, AYANT L'INTELLIGENCE LA PLUS DÉVELOPPÉE.

1er ORDRE.

Bimanes.

CARACTÈRES GÉNÉRAUX.

Seuls animaux qui aient des mains aux extrémités antérieures, doigts onguiculés, de même que dans les 5 ordres qui suivent; intelligence vaste; faculté de la parole; sociabilité; perfectibilité.

3e ORDRE.

Carnassiers.

CARACTÈRES GÉNÉRAUX.

Animaux dépourvus de mains; ayant des dents de 3 sortes: incisives, canines et molaires; en général beaucoup de force dans le système musculaire.

5e ORDRE.

Rongeurs.

CARACTÈRES GÉNÉRAUX.

Animaux privés de canines; limant ou rongeant leurs aliments; pattes postérieures plus longues que les antérieures.

2e ORDRE.

Quadrumanes.

CARACTÈRES GÉNÉRAUX.

Animaux pourvus de mains aux 4 extrémités; ressemblant beaucoup à l'homme; remarquables par l'existence d'une queue et par leur allure, consistant principalement en sauts et en bonds,

4e ORDRE.

Marsupiaux.

CARACTÈRES GÉNÉRAUX.

Animaux ayant une bourse ou poche placée au devant de la poitrine dans laquelle sont logés les petits pendant l'allaitement; en naissant, ils ont les organes à peine ébauchés.

6e ORDRE.

Édentés.

CARACTÈRES GÉNÉRAUX.

Animaux privés d'incisives et quelquefois dépourvus totalement de dents; formes bizarres et mouvements fort lents.

7ᵉ ORDRE.

Pachydermes.

CARACTÈRES GÉNÉRAUX.

Animaux à doigts ongulés ou à sabot; estomac simple; non ruminants, c'est-à-dire ne faisant pas remonter dans la bouche les aliments qu'ils ont avalés sans les mâcher entièrement.

8ᵉ ORDRE.

Ruminants.

CARACTÈRES GÉNÉRAUX.

Animaux à doigts ongulés; 4 estomacs disposés de manière à servir à la rumination; essentiellement herbivores.

9ᵉ ORDRE.

Cétacés.

CARACTÈRES GÉNÉRAUX.

Privés de pattes postérieures ; membres antérieurs en forme de nageoires ; mœurs et vie aquatiques.

Questions.

1. Qu'est-ce que la zoologie ? — Que savez-vous des animaux et de leurs facultés?

A combien de types principaux peuvent se rapporter les animaux ? — Comment le règne animal est-il divisé, d'après la méthode Cuvier ? — En combien de classes divise-t-on les animaux vertébrés ? — Nommez ces classes.

3. Qu'est-ce que comprend la classe des mammifères ? — Comment naissent-ils ?— D'où vient leur nom ? — En combien d'ordres les divise-t-on ? — Quels sont ces ordres ? — Faites le tableau des mammifères.

LEÇON XXXII

SUITE DE LA ZOOLOGIE.

PREMIER ORDRE. — LES MAMMIFÈRES.

§ 1. — Les bimanes.

Caractère et genre des bimanes. — L'ordre des bimanes, caractérisé par l'existence de mains aux extrémités antérieures seulement et par quelques autres particularités, est composé d'un genre unique qui forme à son tour une seule espèce, qui est l'*homme*.

L'homme. — Son organisation. — L'organisation de l'homme, comparée à celle d'un grand nombre de mammifères, n'offre que des différences peu importantes; mais, ce qui l'a fait surnommer le *roi de la nature*, c'est l'intelligence supérieure dont il est doué, c'est cette faculté admirable dont seul il jouit, la parole en un mot, c'est l'âme. — Il est donc le *roi de la création*, parce qu'il a reçu un rayon de l'intelligence de l'être divin qui en est l'*auteur*.

Nous parlerons des choses les plus essentielles à connaître dans la structure extérieure et dans la conformation intérieure de l'homme.

Tête. — La tête occupe l'extrémité supérieure du corps et se divise en deux parties, le crâne et la face.

Crâne encéphale. — Le *crâne* est une cavité osseuse de forme ovalaire, qui sert à loger le cerveau et le cervelet. Il est formé par la réunion de plusieurs os plats, qui sont, en avant : le *coronal* ou *frontal*; sur les côtés et en haut, les os *pariétaux*; en arrière, l'*occipital*; en bas et sur les côtés, les os *temporaux*; en bas et au milieu, l'os *sphénoïde*; en bas en avant, l'*eth-*

moide. Sur les côtés du crâne on remarque l'ouverture du conduit auriculaire.

L'*encéphale* est une grande masse nerveuse formée par le cerveau et la moelle épinière, ainsi que par les autres parties centrales du système nerveux situées dans la cavité du crâne et dans le canal qui règne le long de la colonne vertébrale.

Le crâne est une grande cavité qui occupe la partie supérieure et postérieure de la tête; elle présente plusieurs trous à sa partie inférieure.

Cerveau. — Le *cerveau* est un viscère volumineux, d'une texture molle et d'une forme ovalaire, qui remplit la plus grande partie de l'intérieur du crâne. Il est divisé en deux parties égales appelées hémisphères du cerveau. Le cervelet, dont le volume égale à peine le tiers de celui du cerveau, présente une structure avancée; sa masse analogue occupe les fosses postérieures du crâne.

Moelle épinière. — La *moelle épinière* sort de la partie inférieure du cerveau et du cervelet. Elle a la forme d'un gros cordon blanchâtre, et descend de l'intérieur du crâne jusque vers la partie inférieure du canal dont la colonne vertébrale est creusée. La *moelle allongée* n'est autre chose que la partie supérieure de la moelle épinière qui s'est avancée dans l'intérieur du crâne.

§ 2. — Suite de l'homme.

Face. — La *face*, qui occupe la partie antérieure de la tête, présente cinq grandes cavités destinées à loger les organes de la vue, de l'odorat et du goût. Elle est formée par la réunion d'un grand nombre d'os dont les principaux sont : les *deux os maxillaires supérieurs* qui constituent la presque totalité de la mâchoire supérieure et vont, en remontant sur les côtés du nez, se joindre à l'os frontal ; les *os des pommettes* qui forment en partie les joues, et l'*os maxillaire inférieur* qui consstitue la mâchoire inférieure et forme une espèce de fer-à-cheval.

Tronc. — Le *tronc* est formé par la colonne vertébrale, les côtes et le sternum. La *colonne vertébrale* ou échine, est une espèce de tige osseuse qui occupe le milieu du dos et s'étend depuis la tête jusqu'à l'extrémité postérieure du corps ; elle est formée par l'assemblage de petits osselets appelés *vertèbres*, et présente dans toute sa longueur un canal formé par la réunion des trous dont chaque vertèbre est percée et qui servent à loger la moelle épinière. Les vertèbres sont au nombre de trente-deux chez l'homme.

Côtes. — Les *côtes* sont des arcs osseux qui entourent la cavité du thorax ou de la poitrine, et par leurs mouvements l'élargissent et la rétrécissent pour la respiration. Les côtes, au nombre de douze paires chez l'homme, sont portées sur les vertèbres du dos auxquelles elles sont fixées.

Sternum. — Le *sternum* est un os plat situé à la partie antérieure de la poitrine ; il s'articule avec les côtes et les clavicules.

Questions.

1. Par quoi l'ordre des bimanes est-il caractérisé? — Quel genre renferme-t-il ? — Que savez-vous de l'organisation de l'homme ? — Qu'est-ce que la tête? — Qu'est-ce que le crâne, — l'encéphale, — le cerveau, — la moelle épinière?

2. Expliquez la face, — les os maxillaires supérieurs, — l'os maxillaire inférieur ? — Qu'est-ce que le front, la colonne vertébrale, — les vertèbres, — les côtes, — le sternum.

LEÇON XXXIII

SUITE DE LA ZOOLOGIE.

(Suite de la conformation de l'homme.)

§ 1. — Nerfs et organes des sens.

Nerfs. — Les nerfs sont des cordons mous et blanchâtres qui se répandent du cerveau et de la moelle épinière dans toutes les parties du corps. Ils se divisent ensuite en branches et en rameaux, qui se distribuent dans les différents organes et deviennent d'une ténuité extrême. Ce sont les nerfs qui donnent aux diverses parties du corps où ils se répandent la sensibilité dont celles-ci jouissent. Ils transmettent au cerveau, centre des sensations, les impressions reçues par les organes, et propagent ensuite la réaction du cerveau jusqu'à ces organes, c'est-à-dire l'excitation des mouvements.

Les principaux nerfs de la sensibilité aboutissent à des organes particuliers, par le moyen desquels ils transmettent au cerveau les sensations produites sur ces organes par les objets extérieurs. Ces organes particuliers sont ceux que l'on désigne sous le nom d'*organes des sens.*

Organes des sens. — Les organes des sens sont au nombre de cinq chez l'homme et chez la plupart des animaux ; ce sont : le toucher, le goût, l'odorat, l'ouïe et la vue.

Toucher. — Le *toucher* est le sens le plus général. Il nous révèle le contact des corps étrangers avec les organes, et nous fait connaître leur nature et leur forme. Ce sens réside dans toutes les parties du corps ; la peau éprouve partout les sensations produites par la résistance des corps extérieurs. La main, chez l'homme, est l'organe spécial du toucher. Elle peut, à l'aide de ses doigts déliés et recouverts d'une peau très-fine, saisir et palper tous les objets ; elle s'ouvre, s'étend, se raccourcit, se ferme, et rectifie souvent le sens de la vue.

Goût. — Le *goût* et l'*odorat* ne sont que des touchers plus délicats. Le premier, qui sert à faire connaître aux hommes et aux animaux la saveur des corps, a son siége dans la bouche. Les parties de la bouche où ce sens est le plus développé, sont les bord de la langue et la voûte du palais. La langue, qui est recouverte par une peau fine et humectée par un liquide particulier, a ses muscles composés de petites fibres entre-croisées et hérissées de petites saillies appelées *papilles*.

Odorat. — L'*odorat* est un sens qui révèle aux animaux qui en sont pourvus l'existence des odeurs et leur en fait apprécier les qualités. Les odeurs sont produites par des particules légères qui se dégagent des corps odorants et se répandent dans l'atmosphère. Pour que ces odeurs agissent sur l'odorat, il faut qu'elles soient en contact avec l'organe où siége ce sens. Chez l'homme, cet organe est placé dans la cavité du nez, sur le passage de l'air pour se rendre aux poumons, et c'est en traversant ces cavités que l'air porte avec lui les particules odorantes des corps.

Ouïe. — L'*ouïe* est le sens qui sert aux animaux pour entendre les sons produits par les vibrations rapides des corps mis en mouvement. Ces vibrations se communiquent à l'air qui les transmet à *l'oreille* siége principal de l'organe de l'ouïe.

Vue. — La *vue* est le sens par le moyen duquel les animaux connaissent la forme, la couleur, le volume et l'éloignement des objets extérieurs. C'est l'œil qui est le siége de cet organe merveilleux. La vue s'exerce à distance par l'intermédiaire de la lumière. Lorsque nous voyons un objet, la sensation de la vue est produite par les rayons de lumière qui partent des différents points de cet objet, vont frapper le globe de l'œil, traversent une surface transparente et viennent peindre l'image de cet objet sur une membrane nerveuse appelée *rétine* qui tapisse le fond de l'œil. C'est la rétine qui transmet cette image au cerveau par le moyen du *nerf optique*. Un grand nombre d'animaux manquent d'oreilles et de narines; plusieurs sont privés d'yeux ; il y en a qui sont réduits au toucher, lequel ne manque jamais.

§ 2. — Les membres de l'homme. — Division des membres de l'homme.

Les membres se divisent en membres *antérieurs* et en membres *inférieurs*.

Les membres antérieurs comprennent l'épaule, le bras, l'avant-bras et la main; et les membres inférieurs se composent de la hanche, de la cuisse, de la jambe et du pied.

Membres antérieurs. — L'épaule est la racine du membre antérieur; elle se compose de deux os, l'*omoplate* et la *clavicule*.

Le *bras* est formé d'un seul os, appelé *humérus;* l'*avant-bras* est formé par la réunion de deux os : le *cubitus* en dehors, et le *radius* en dedans, du côté du pouce, la main comprend le *carpe*, le *métacarpe* et les doigts. La carpe est connu sous le nom de poignet; le métacarpe est le corps de la main ; il est composé de cinq os qu'on peut regarder comme l'origine des doigts; et les *doigts* se composent de petits os articulés à l'extrémité les uns des autres et nommés *phalanges*.

Membres inférieurs. — La hanche est destinée à porter le ventre comme l'épaule sert à soutenir la poitrine. Elle est formée de chaque côté par un os très-large et très-fort, appelé *os iliaque.*

La cuisse est formée d'un seul os appelé *fémur;* la jambe est composée de deux os solidement unis entre eux. L'un, beaucoup plus gros que l'autre et appelé *tibia*, est placé en dedans et s'articule avec le fémur; l'autre os est placé en dehors et ne s'articule pas avec le fémur; il est seulement lié au tibia : on le nomme *péroné.* La *rotule* est un petit os placé au-devant de l'articulation de la jambe avec la cuisse, et destiné à consolider le genou.

Le pied est partagé en trois régions : le *tarse,* le *métatarse* et les *orteils.* Il diffère de la main, en ce que les doigts sont plus courts et moins déliés, et que le tarse est disposé d'une autre manière que le carpe.

§ 3. — Races humaines et leurs divisions.

Tous les hommes ne se ressemblent pas. Ils diffèrent entre eux par la conformation de la tête et par la couleur de leur peau. C'est ce qui fait diviser cette espèce en quatre variétés distinctes auxquelles on a donné les noms de *race caucasique, race mongolique, race éthiopique* et *race américaine.*

Race caucasique. — La *race caucasique*, ou race blanche, à laquelle appartiennent les peuples de l'Europe et d'une partie de l'Asie et de l'Afrique, se distingue par un teint blanc, un visage ovale, un front dont le développement accuse son intelligence, des yeux placés horizontalement, un nez saillant et des cheveux lisses, longs et flexibles. Cette race paraît avoir pris naissance vers le groupe de montagnes qu'on nomme

Caucase, situé entre la mer Caspienne et la mer Noire, et de là lui est venu le nom de *caucasique*.

Race mongolique. — La *race mongolique*, ou jaune est caractérisée par un front plat, un nez petit, des joues saillantes, des yeux étroits et obliques, de grosses lèvres, une barbe grêle, des cheveux durs, rares et par un teint plus ou moins jaunâtre. Cette race est très-répandue à l'est des contrées habitées par la race caucasique; elle comprend les Mongols, les Mantchoux, les Kalmouks, les Chinois, les Japonais. Les Malais, qui occupent l'Inde au-delà du Gange et une grande partie de l'Archipel asiatique, paraissent provenir d'un mélange des races caucasique et mongolique. Enfin, on regarde comme provenant de la race mongolique les habitants du nord des deux continents, tels que les Samoyèdes, les Lapons et les Esquimaux, etc.

Race éthiopique. — La *race éthiopique*, ou race nègre est remarquable par un teint noir, des cheveux laineux, des mâchoires saillantes, un nez large et aplati, et par un crâne extrêmement comprimé. Cette race comprend les Nègres des côtes d'Afrique au midi de l'Atlas, les Cafres, les Hottentots, les Cafro-Madécasses, les Alfurons des Moluques, les Papous ou Négro-Malais de la Nouvelle-Guinée, etc.

Race américaine. — La *race américaine*, ou race cuivrée, est caractérisée par un teint rouge de cuivre, un visage large et comme triangulaire, des cheveux longs et noirs et une barbe rare. Ces caractères se remarquent principalement chez les anciens Mexicains et Péruviens. Mais les Américains, en général, diffèrent beaucoup entre eux : les uns ont une grande analogie avec la race mongolique de l'Asie, tandis que les autres se rapprochent des races caucasiques.

Questions.

1. Qu'est-ce que les nerfs? — Quelles sont leurs fonctions? — Qu'est-ce que les organes des sens? — Expliquez le toucher, — le goût, — l'odorat, — l'ouïe, — la vue.

2. Comment divise-t-on les membres de l'homme? — Faites connaître les membres antérieurs — les membres inférieurs?

3. Combien y a-t-il de races d'hommes? — Expliquez la race caucasique, — mongolique, — éthiopique, — américaine.

LEÇON XXXIV

SUITE DE LA ZOOLOGIE.

DEUXIÈME ORDRE DES MAMMIFÈRES.

§ 1. — Les quadrumanes.

Caractères des quadrumanes et leurs divisions. — Les quadrumanes sont pourvus de mains aux quatre extrémités. Ils ont, de même que les bimanes, trois sortes de dents. Plus que tous les autres mammifères, les animaux de cet ordre ressemblent un peu à l'homme. Cette ressemblance dans les organes fait qu'ils imitent nos gestes et notre adresse. Ils ont, comme nous, les yeux dirigés en avant, et se nourrissent de fruits, de racines ou d'insectes. Ils vivent dans les forêts et grimpent sur les arbres avec beaucoup d'agilité; leur allure principale consiste en sauts et en bonds; quelques-uns ont une queue longue et flexible, quelquefois *prenante*, qui leur sert à se suspendre aux branches, et à se balancer dans les airs. C'est par ces différents caractères que se distinguent les genres de quadrumanes. On peut les diviser d'abord en trois familles, qui sont : la famille des *singes*, celle des *ouistitis* et celle des *makis*.

§ 2. — Singes. — Ouistis. — Makis.

Singes. — Les singes ont quatre dents incisives droites à chaque mâchoire et des ongles plats à tous les doigts. Ils se divisent en deux tribus : les singes de l'ancien continent et les singes d'Amérique.

Le principal genre des singes de l'ancien continent

est le genre *orang*, dont les principales espèces sont l'*orang noir* et l'*orang roux* ou l'*orang-outang*.

L'*orang noir* est celui dont les formes se rapprochent le plus de celles de l'homme. Il vit en société dans les bois de la Guinée, et, quoique d'un caractère très-doux, il se défend vaillamment lorsqu'on trouble son repos. Les hommes et les éléphants qui pénètrent dans ces forêts inhabitées en sont repoussés par eux à coups de pierre et de bâton.

L'*orang roux* ou *orang-outang* s'éloigne un peu plus de la race humaine. Cet animal se trouve dans les forêts de la Cochinchine ou de l'île de Bornéo.

Parmi les singes d'Amérique on distingue le *sapajou*, que dressent les banquistes et les petits Savoyards.

Ouistitis. — La famille des *ouistitis* a quatre dents incisives à chaque mâchoire et des ongles comprimés et crochus à tous les doigs, excepté aux pouces de derrière.

Makis. — La famille des *makis* a un ongle pointu et relevé au premier ou aux deux premiers doigts de derrière, tandis que ceux des autres doigts sont plats.

Questions.

1. Quels sont les caractères des quadrumanes ? — A quoi sert leur queue ? — Comment les divise-t-on ?

2. Comment les singes sont-ils caractérisés ? — Quels sont ceux que l'on doit distinguer ? — Parlez de l'orang noir, — de l'orang roux, — du sapajou. — Par quoi les ouistis sont-ils remarquables ? — Qu'est-ce qui distingue la famille des makis ?

LEÇON XXXV

SUITE DE LA ZOOLOGIE.

TROISIÈME ORDRE DES MAMMIFÈRES.

§ 1. — Les carnassiers.

Caractères des carnassiers, leur division. — Les animaux de cet ordre diffèrent des autres parce qu'ils ont la bouche armée de trois sortes de dents, et le défaut de pouce libre et opposable aux autres doigts. Ils ont une organisation en rapport avec leurs mœurs; destinés à poursuivre une proie qui fuit, à la terrasser lorsqu'ils l'ont atteinte, ces animaux devaient avoir l'agilité et la force en partage. Aussi ont-ils ordinairement un système musculaire énergique. Leurs sens, surtout l'odorat, acquièrent un développement extraordinaire, et la bouche offre des dents aiguës, tranchantes, propres à déchirer, mais qui, cependant peuvent présenter des modifications chez certains carnassiers.

Ces animaux se divisent, d'après leur manière de vivre et leur conformation, en trois grandes familles, savoir : les *chéiroptères*, les *insectivores* et les *carnivores*.

§ 2. — Les chéiroptères. — Insectivores.

Famille des chéiroptères. — Les *chéiroptères* sont des animaux organisés pour le vol plutôt que pour la marche. Ils ont des espèces d'ailes, formées par un repli de la peau qui s'étend de chaque côté du corps depuis le cou jusqu'aux pattes postérieures. Ils constituent deux tribus qui sont les *chauves-souris* et les *galéo-pithèques* ou *chats-volants*.

Famille des insectivores. — La famille des *insecti-vores* se compose des carnassiers qui n'ont aucune espèce d'ailes, et dont les dents molaires sont hérissées de pointes coniques. Ce sont des animaux faibles et petits, d'une allure lente et rampante, qui mènent une vie nocturne et souterraine dans les terriers qu'ils construisent avec beaucoup d'art. Un grand nombre de ceux qui habitent la France passent l'hiver dans l'engourdissement. Ils se nourrissent principalement d'insectes, comme leur nom l'indique.

Les principaux genres de cette famille sont les *hérissons*, les *musaraignes*, et les *taupes*.

§ 3. — Carnivores. — La tribu des plantigrades.

Famille des carnivores. — Sous le nom de famille des *carnivores* on entend les grands carnassiers qui se nourrissent exclusivement de proie vivante. Ces animaux sont généralement d'une très-grande force ; ils ont les machoires robustes et armées chacune de dents canines très-fortes, entre lesquelles sont placées six incisives.

Les carnivores ont l'appétit sanguinaire d'autant plus prononcé que leurs dents sont plus tranchantes. Ils ont les pattes armées d'ongles crochus et propres à retenir et même à déchirer leur proie ; la plupart ont les sens de la vue et de l'odorat d'une délicatesse extrême. On les divise en trois tribus : les *plantigrades*, les *digitigrades* et les *amphibies*.

Plantigrades. — La tribu des *plantigrades* a cinq doigts à tous les pieds et en appuie la plante entière sur le sol, ce qui donne à cet animal plus de facilité pour se dresser sur ses pieds de derrière. Leurs mouvements sont lents et leur vie est souterraine et nocturne comme celle des insectivores ; dans les pays froids, ils passent l'hiver en léthargie. Parmi les principaux genres de cette tribu, nous citerons les *ours*, les *blaireaux* et les *gloutons*.

§ 4. — Suite des carnivores. — Tribu des digitigrades.
— des amphibies.

Digitigrades. — La tribu des *digitigrades* tire son nom des carnivores qui marchent sur le bout des doigts. Ils sont généralement vifs, agiles, et se distinguent ou par leur force et leur courage, ou par leur ruse et leur adresse. On distingue dans cette tribu trois groupes dont chacun forme plusieurs genres.

Le premier groupe se compose des *carnivores vermiformes*, ainsi appelés à cause de leur corps long, grêle, et de leurs pieds courts qui leur permettent de passer par les plus petites ouvertures. Ils ont cinq doigts à toutes les pattes et répandent une odeur fétide. Quoique petits et faibles, ils sont très-cruels et vivent surtout de sang. Les genres les plus remarquables de ce groupe sont : les *putois*, les *martres* et les *loutres*.

Le second groupe des *carnivores digitigrades* se compose des animaux les moins sanguinaires de cette tribu : aussi leurs dents sont-elles moins tranchantes que celle des *vermiformes*. Ils sont d'assez grande taille, mais leur courage ne répond pas à leur force. Ils se nourrissent le plus souvent de cadavres. On les partage en deux grands genres : les *chiens* et les *civettes*.

Le dernier groupe des *carnivores digitigrades* réunit les animaux les plus redoutables par leur force et leur férocité; ils ont été partagés en deux genres : les *hyènes* et les *chats*. Ces derniers comprennent les lions, les tigres, les panthères, etc.

Amphibies. — La tribu des *amphibies* se compose de carnassiers qui vivent dans la mer et sur la terre. Leurs pieds sont si courts et tellement enveloppés dans la peau, qu'ils ne peuvent, sur terre, leur servir qu'à ramper; mais comme les intervalles des doigts sont remplis par des membranes, ce sont d'excellentes rames. Les amphibies ne viennent que rarement sur le rivage, et seulement pour se reposer au soleil et allaiter leurs petits. Ils forment deux groupes : les *phoques* et les *morses*.

Questions.

1. Quels sont les caractères des carnassiers? — Comment les divise-t-on?

2. Qu'est-ce que les chéiroptères? — Leurs tribus? — De quoi se compose la famille des insectivores? — Ses principaux genres?

3. Que comprend la famille des carnivores? Caractères de cette famille? — En combien de tribus la divise-t-on ? — Qu'est-ce que les plantigrades? — Leurs genres?

4. Qu'est-ce que les digitigrades? — Expliquez leurs trois groupes. — Qu'est-ce que les amphibies? — Nommez leurs groupes.

LEÇON XXXVI.

SUITE DE LA ZOOLOGIE.

DU 4e AU 7e ORDRE DES MAMMIFÈRES.

§ 1. — 4e ORDRE. Les marsupiaux.

Caractères généraux des marsupiaux. — Leur division.
— Les *marsupiaux* sont des animaux onguiculés qui
naissent incapables de mouvement et montrent des
organes à peine distincts; la plupart de ces animaux
ont une espèce de poche formée par la peau du ventre,
et qui sert à loger les petits pendant que leur mère
les allaite; c'est de là que leur vient le nom de *marsupiaux* ou *animaux à bourse*. Les marsupiaux n'ont
encore été rencontrés que dans l'Amérique, dans quelques îles de la mer du Sud et dans la Nouvelle-Hollande.

Comme les marsupiaux diffèrent beaucoup par la
conformation de leurs dents et de leurs pieds, on les a
divisés en six tribus qui sont : les *pédimanes* ou *sari-
gues*, les *phalangers*, les *potoroos* ou *kanguroos-rats*, les
kanguroos, les *kaolas* ou les *phuscolomes*.

§ 2. — 5e ORDRE. Les rongeurs.

Caractères généraux des rongeurs. — Les *rongeurs*
tirent leur nom de la manière dont s'opère chez eux la
mastication. Ces animaux manquent de dents canines,
mais ils ont à chaque mâchoire deux longues incisives
tranchantes, séparées des molaires par un grand espace vide. Leur mâchoire inférieure est constituée de
manière à ne permettre de mouvement que d'avant en
arrière. Aussi, ces animaux sont-ils réduits en quel-

que sorte à limer ou à ronger les substances dont ils se nourrissent, et qui sont pour la plupart des substances végétales. Leurs pattes postérieures sont en général plus longues que les antérieures, et leur donnent beaucoup de facilité pour sauter. Ils vivent presque tous dans des terriers ou dans des huttes, qu'ils construisent pour y loger leur famille ou pour y renfermer leurs provisions. Quelques-uns passent l'hiver en léthargie.

Diverses sections de rongeurs. — Les rongeurs peuvent se diviser en deux sections : ceux qui ont des clavicules assez fortes pour pouvoir se servir avec adresse de leurs pieds de devant, et ceux qui ont les clavicules nulles ou trop courtes.

La première section renferme les genres *castor*, *rat*, *hamster*, *gerboise*, *marmotte*, *écureuil* et *loir*.

La seconde section des rongeurs renferme les genres à clavicules nulles et imparfaites; tels que les *porcs-épics* et les *lièvres*.

§ 3. — 6ᵉ ORDRE. Les édentés.

Caractères généraux des édentés. — Dans l'ordre des *édentés* sont les animaux onguiculés, dont le devant des mâchoires est dépourvu de dents, c'est-à-dire qu'il manque de dents incisives; quelques-uns sont en même temps sans canines, et il en est qui n'ont pas du tout de dents. Leurs mouvements sont lents et leurs formes en général bizarres. Ils ont de gros ongles qui embrassent l'extrémité des doigts et se rapprochent plus ou moins de la nature des sabots.

Division des édentés. — Ces animaux se divisent généralement en trois familles : les *tardigraves*, les *édentés ordinaires* et les *monotrèmes*.

Tardigraves. — Les *tardigraves*, que l'on connaît

aussi sous le nom de *paresseux*, ont la face courte et les membres disposés de manière à rendre les mouvements difficiles. Ces animaux grimpent assez bien sur les arbres où ils se suspendent aux branches. Ils n'abandonnent un arbre que lorsqu'ils en ont dévoré toutes les feuilles. Les tardigraves habitent les parties les plus chaudes de l'Amérique méridionale. L'espèce connue sous le nom d'*aï* ou *paresseux à trois doigts*, est remarquable par ses pattes antérieures, du double plus longues que ses pattes postérieures, par sa couleur grise et ses trois doigts aux pieds.

Édentés ordinaires. — Les *édentés ordinaires* ont le museau pointu et manquent de canines. Les uns, comme les *tatous*, ont encore des molaires, les autres n'ont aucune sorte de dents.

Monotrèmes. — La famille des *monotrèmes* comprend des animaux onguiculés manquant de dents sur le devant de la bouche et n'ayant, comme les oiseaux, qu'une ouverture pour les excréments et l'urine. Ces animaux, dont la construction est bizarre, ont été classés diversement par les naturalistes. Ils prêtent en effet à la controverse en ce qu'ils unissent aux caractères des mammifères ceux des ovipares. Ces animaux sont particuliers à la Nouvelle-Hollande. On en connaît deux genres, qui sont : les *échidnés* et les *ornithorynques*.

Questions.

1. Caractères des marsupiaux, — leurs tribus.

2. Caractères des rongeurs. — Comment les divise-t-on ?

3. Caractères des édentés, = leur division ? — Qu'est-ce que les tardigraves, les édentés ordinaires, les monotrèmes ?

LEÇON XXXVII

SUITE DE LA ZOOLOGIE.

LES TROIS DERNIERS ORDRES DES MAMMIFÈRES.

§ 1. — 7ᵉ ORDRE. Les pachydermes.

Caractères généraux des pachydermes. — Les *pachydermes* sont des animaux ongulés, c'est-à-dire ayant des ongles très-grands ou sabots qui enveloppent complétement l'extrémité des doigts. Ils sont remarquables par le cuir épais et peu garni de poils dont la plupart sont revêtus, et en ce que leur estomac est simple et qu'ils ne ruminent pas. Leurs pieds sont uniquement propres à la marche, et leurs molaires sont à la surface larges et propres à broyer. Les pachydermes ont tous, à l'exception du cheval, un port lourd, une démarche pesante, et aiment à se vautrer dans les eaux fangeuses. Parmi eux se trouvent les plus gros mammifères connus.

Division des pachydermes. — Cet ordre a été divisé en trois familles : les *proboscidiens*, les *pachydermes ordinaires* et les *solipèdes*.

Proboscidiens. — Les *proboscidiens*, pachydermes à trompes et à défenses, ont les quatre extrémités à cinq doigts. On ne connaît dans la nature vivante qu'un seul genre qui présente ces caractères, c'est celui des *éléphants*, dont il existe deux espèces : l'*éléphant des Indes*, qui a le front concave et les oreilles petites, et l'*éléphant d'Afrique*, dont le front est convexe et les oreilles grandes. Les éléphants manquent de canines et d'incisives, mais ils ont à la mâchoire supérieure deux défenses énormes qui se recourbent vers le haut et dont la substance est connue sous le nom d'*ivoire* ; leurs narines se prolongent en une trompe cylindrique agile et terminée en dessus par une excroissance en forme de doigt. C'est avec la trompe que les éléphants saisissent tout ce qu'ils veulent porter à leur bouche et qu'ils déracinent les arbres. Ces animaux ne sont point cruels à l'état de nature ; on ne les voit jamais abuser de leurs forces.

Pachydermes ordinaires. — La famille des *pachydermes ordinaires* renferme les pachydermes qui n'ont pas de trompe apte à saisir les objets, et qui ont plusieurs doigts séparés. On y range les *hippopotames*, les *cochons*, les *rhinocéros* et les *tapirs*.

Solipèdes. — La famille des *solipèdes* est formée de tous les quadrupèdes qui n'ont qu'un seul doigt apparent et un seul sabot à chaque pied. L'unique genre connu est celui des *chevaux*.

Les chevaux sont des animaux vigoureux, légers à la course, et essentiellement herbivores. Les principales espèces de ce genre sont : le *cheval ordinaire*, l'*âne* et le *zèbre*.

§ 2. — 8ᵉ ORDRE. Les ruminants.

Caractères principaux des ruminants. — Les *ruminants* sont des mammifères ayant la faculté de mâcher plusieurs fois leurs aliments, faculté qui dépend de la structure de leur estomac, lequel se compose de quatre cavités différentes. Leurs pieds sont terminés par deux sabots qui ont l'apparence d'un sabot unique qui aurait été fendu. Ces animaux n'ont d'incisives qu'à a mâchoire inférieure, et presque toujours ces dents sont au nombre de huit. Tous les ruminants sont exclusivement herbivores. A cet ordre appartiennent les animaux domestiques qui rendent à l'homme les plus éminents services. Ce sont eux qui lui fournissent la chair dont il se nourrit, le lait qui lui sert de boisson alimentaire; plusieurs lui servent de bête de somme, et d'autres lui sont utiles pour leur cuir; leur laine, leurs cornes, leur graisse, appelée *suif*, etc.

Division de cet ordre. — Cet ordre se partage en deux sections principales.

La première section comprend les ruminants qui n'ont point de cornes. Les genres qui la composent sont au nombre de trois : les *chameaux*, les *lamas* et les *chevrotains*.

Les principaux genres de la section des ruminants à cornes sont : le *cerf*, la *girafe*, l'*antilope*, la *chèvre*, le *monton*, et le *bœuf*.

§ 3. — 9e ORDRE. Les cétacés.

Caractères particuliers des cétacés. — Les cétacés sont des mammifères entièrement privés de pattes de derrière, et dont les membres antérieurs ont la forme de nageoires. Leur cou est si court et si gros qu'on ne le distingue pas, en sorte que la tête se confond avec le tronc. Ces animaux se distinguent des poissons en ce que leur corps est terminé par une nageoire horizontale, tandis que chez les poissons, la position de la nageoire de la queue est verticale. Ils ressemblent aux mammifères par leur organisation intérieure. Ils ont des poumons, et, quoique vivant dans la mer, ils sont obligés de venir fréquemment à sa surface pour respirer l'air ; ils ont le sang chaud et sont pourvus de mamelles pour allaiter leurs petits, qui naissent vivants.

Famille des cétacés. — Cétacés herbivores. — Ces animaux forment deux familles : les *cétacés herbivores* et les *cétacés ordinaires* ou *souffleurs*.

Les *cétacés herbivores* se nourrissent d'herbes et sortent souvent de l'eau pour venir ramper et paître sur la rive. Ils ont des dents à couronne plate, des poils aux moustaches et des narines s'ouvrant en dehors au bout du museau. Les principaux genres sont : les *lamantins* et les *dugongs*.

Cétacés souffleurs. — Les *cétacés ordinaires* ou *souffleurs*, sont pourvus d'un appareil singulier à l'aide duquel ils lancent, à travers les narines qui sont percées au-dessus de la tête, l'eau qui pénètre dans leur bouche lorsqu'ils saisissent leur proie. Ils forment ainsi des jets d'eau qui se font remarquer de loin par les navigateurs. C'est de là que leur vient le nom de *souffleurs*. Leurs mâchoires sont dépourvues de véritables dents, ou n'ont que des dents coniques. Ils ne mâchent point leur nourriture, mais l'avalent rapidement.

Dans la famille des cétacés souffleurs se trouvent les plus gros animaux connus. Ils se partagent en deux tribus, d'après la nature et la disposition des dents ou des organes qui en tiennent lieu.

Les deux genres qui composent la première ont la tête en proportion avec le corps, les autres, qui constituent la deuxième, ont la tête démesurément grande. Les genres de la première tribu sont : les *dauphins* et les *narvals*.

Dans la deuxième tribu des souffleurs sont les *cachalots* et les *baleines*.

Questions.

1. Quels sont les caractères particuliers des pachydermes? — En combien de famille divise-t-on cet ordre ? — Qu'est-ce que les proboscidiens, les pachydermes ordinaires, — les solipèdes?

2. Caractères particuliers des ruminants. — Comment les divise-t-on ?

3. Caractères particuliers des cétacés. — Faites connaître les cétacés herbivores. — Que savez-vous des cétacés souffleurs?

LEÇON XXXVIII

SUITE DE LA ZOOLOGIE.

2ᵉ CLASSE. — LES OISEAUX.

§ 1. — Notions générales sur la structure des oiseaux.

Caractères particuliers des oiseaux. — Les oiseaux sont des animaux vertébrés, ovipares, à sang chaud, à circulation complète, à respiration aérienne et double, et dont le corps, constamment couvert de plumes et pourvu d'ailes, est organisé pour le vol. Ils ont un cœur à quatre cavités, et des poumons enveloppés d'une membrane percée de trous, qui laissent pénétrer l'air dans toutes les parties du corps, même dans l'intérieur des os. Aussi leur respiration est-elle double, car elle a lieu non-seulement dans les poumons, mais encore dans les substances des autres organes ; il s'ensuit qu'ils consomment une plus grande quantité d'air qu'aucun autre animal.

Structure des oiseaux. — Les oiseaux ont un *bec* formé de deux mandibules ou mâchoires garnies d'une substance cornée. Leur oreille n'a point de conque extérieure saillante ; leur cou est long et mobile.

Le sternum est très-développé et constitue un vaste bouclier qui s'étend très-loin en arrière sur l'abdomen, et présente presque toujours une lame saillante dans son milieu, appelé *bréchet*.

Au devant du sternum, on trouve un os, nommé la *fourchette*, qui est formé par la réunion des os de l'épaule.

Les oiseaux ont un estomac qui se compose de trois poches : le *jabot*, le *ventricule succenturié* et le *gésier* dont les parois musculaires ont une force et une épaisseur d'autant plus considérables que l'animal vit plus exclusivement de grains.

L'*aile* des oiseaux correspond au membre antérieur des mammifères, et se compose d'un bras, d'un avant-bras et d'une main qui est allongée et montre un doigt et les indices de deux autres. Les pieds ont en général quatre doigts, dont trois sont dirigés en avant et un en arrière.

Le *plumage* des oiseaux présente des *pennes* et des *plumes proprement dites*. Les pennes sont les grandes plumes des ailes et de la queue. Les pennes des ailes s'appellent *rémiges* ou *rames*; les plus longues, qui sont toujours au nombre de dix et adhérentes à la main, se nomment *primaires*, tandis que les pennes de l'avant-bras sont appelées *secondaires*. Les pennes de la queue, ordinairement au nombre de douze, prennent le nom de *rectrices*, parce qu'elles servent à l'oiseau de gouvernail pour diriger sa course. Les *couvertures* sont de petites plumes qui recouvrent la base des rémiges de la queue.

Les plumes des oiseaux sont sujettes à des changements successifs appelées *mues* ; c'est-à-dire qu'elles tombent et se renouvellent tantôt une fois, tantôt deux fois par an. Leurs couleurs varient beaucoup dans chaque espèce, selon le sexe et l'âge des individus, ou selon la saison de l'année.

Un instinct admirable les guide dans la construction des *nids* qui doivent servir à loger leurs œufs et à couvrir la nudité de leurs petits.

Un grand nombre d'espèces ont l'habitude de faire de longs voyages pour changer de climat, à des époques déterminées ; c'est ce que l'on appelle *migrations* des oiseaux.

§ 2. — Méthode pour l'étude des oiseaux. — Tableau
par ordres.

Classification des oiseaux. — Les oiseaux se ressemblent beaucoup entre eux; ils ne différent que par
quelques modifications légères dans la conformation
du bec et des pieds, et dans le plumage. Ils se classent
d'après les modifications diverses de leur bec et de
leurs pieds, et forment six ordres, qui sont : 1º les oiseaux de proie; 2º les passereaux ; 3º les grimpeurs ;
4º les gallinacés; 5º les échassiers; et 6º les palmipèdes.

OISEAUX.

ANIMAUX VERTÉBRÉS, OVIPARES, A RESPIRATION DOUBLE, DONT LE CORPS, COUVERT DE PLUMES ET POURVU D'AILES, EST ORGANISÉ SPÉCIALEMENT POUR LE VOL.

1er ORDRE.

Oiseaux de proie.

CARACTÈRES GÉNÉRAUX.

Bec fort et crochu; des griffes ou serres; 4 doigts, trois libres et dirigés en avant, le pouce l'est en arrière; vol rapide, puissant : régime carnivore.

3e ORDRE.

Grimpeurs.

CARACTÈRES GÉNÉRAUX.

Quatre doigts, dont 2 en avant, ceux du milieu, et deux en arrière, le pouce et l'externe; régime insectivore et frugivore.

5e ORDRE.

Échassiers.

CARACTÈRES GÉNÉRAUX.

Jambes très-longues; bas de jambe nu, ainsi que le tarse; cou et bec allongés; les deux doigts externes réunis par une membrane; dans le vol, les jambes s'étendent en arrière; régimes très-divers.

2e ORDRE.

Passereaux.

CARACTÈRES GÉNÉRAUX.

Point de caractère propre; 4 doigts, 3 en avant, un en arrière, quelquefois tous les 4 en avant; doigt du milieu le plus souvent réuni par une membrane avec le doigt externe : régime insectivore et ganivore.

4e ORDRE.

Gallinacés.

CARACTÈRES GÉNÉRAUX.

Bec court et voûté en dessus; doigts de devant réunis à leur base par une membrane; corps lourd, ailes courtes : régime granivore.

6e ORDRE.

Palmipèdes.

CARACTÈRES GÉNÉRAUX.

Doigts réunis par des palmures; pieds courts, placés à l'arrière du corps et conformés pour la natation; plumage serré et huileux; cou long; vol en général puissant; régime carnivore.

§ 3. — 1er ORDRE. — Les oiseaux de proie.

Caractères principaux des oiseaux de proie. — Les oiseaux de proie ont un bec crochu dont la pointe aiguë se recourbe en bas, et des pieds armés d'ongles forts et crochus, appelés *griffes* ou *serres*. Leurs doigts sont au nombre de quatre ; trois sont libres et dirigés en avant ; le premier ou le pouce l'est en arrière. — Ces animaux se nourrissent exclusivement de chair et poursuivent les autres oiseaux ; aussi leur vol est-il rapide et puissant. Ils naissent généralement nus et les yeux fermés.

Famille des oiseaux de proie. — Les oiseaux de proie forment deux familles : les *diurnes* et les *nocturnes*.

Les *diurnes* ont les yeux dirigés sur le côté, et leur bec est le plus souvent couvert à sa base d'une membrane nue et colorée appelée *cire*. Ces oiseaux ont trois doigts devant et un derrière, sans plumes, et les deux externes sont presque toujours réunis à leur base par une courte membrane.

Ces espèces se divisent en trois grands genres : les *vautours*, les *griffons*, et les *faucons*.

Les *nocturnes* ont la tête grosse, leur bec est courbé dans toute sa longueur, et leurs yeux sont dirigés en avant ; leur face est enveloppée dans une sorte de collerette de plumes à barbes fines et raides. Ces oiseaux ne peuvent voir à une lumière un peu forte ; aussi choisissent-ils pour chasser leur proie le moment du crépuscule ou de la nuit, et comme leurs plumes molles ne font aucun bruit en volant, ils peuvent s'emparer facilement des oiseaux et des petits mammifères qu'ils surprennent. Lorsque ces animaux sont exposés au grand jour, ils demeurent immobiles, et, si l'on s'approche d'eux, ils hérissent leurs plumes et font des gestes et des contorsions bizarres. Les autres oiseaux viennent en troupe les harceler et les insulter.

On distingue les *hiboux* ou *ducs*, dont la tête est surmontée de deux aigrettes de plumes, et les *chats-huants*, ou *chouettes*, qui n'ont pas la tête surmontée d'aigrettes.

Questions.

1. Quels sont les caractères particuliers des oiseaux ? — Quelle est leur structure ? — Donnez des détails.

2. Comment peut-on classer les oiseaux ? — Faites le tableau des six ordres.

3. Quels sont les caractères principaux des oiseaux de proie ? — Qu'est-ce que les oiseaux de proie diurnes ? — Qu'est-ce que les oiseaux de proie nocturnes ?

LEÇON XXXIX

SUITE DE LA ZOOLOGIE.

LES OISEAUX. — PASSEREAUX, GRIMPEURS, GALLINACÉS.

§ 1. — 2ᵉ ORDRE. Les passereaux.

Caractères généraux des passereaux. — L'ordre des *passereaux* renferme tous les oiseaux qui n'appartiennent à aucun des cinq ordres de la même classe, c'est-à-dire qui ne sont ni palmipèdes, ni échassiers, ni gallinacés, ni grimpeurs, ni oiseaux de proie. Leur caractère propre se trouve ainsi négatif.

Les oiseaux dont cet ordre se compose se nourrissent d'insectes, de fruits et de grains ; quelques-uns poursuivent même les petits oiseaux. Ils ont quatre doigts, trois en avant et un en arrière, et quelquefois tous les quatre en avant ; le doigt du milieu est le plus souvent réuni avec le doigt externe au moyen d'une membrane.

Division des passereaux. — Les passereaux sont extrêmement nombreux et se divisent, d'après la forme du bec et des doigts, en cinq familles, qui sont : les *dentirostres*, les *fissirostres*, les *conirostres*, les *ténuirostres* et les *syndactiles*.

Première famille. — Les *dentirostres* sont des passereaux dont le bec est échancré aux côtés de la pointe. Ils vivent d'insectes, et plusieurs se nourrissent aussi de baies et autres fruits tendres. Les genres se reconnaissent d'après la forme générale du bec. Parmi les principaux nous citerons : les *pies-grièches*, les *merles*, les *grives*, les *loriots*, les *rouges-gorges*, les *fauvettes*, les *rossignols*, etc.

Deuxième famille. — Les *fissirostres* ont un bec court, aplati horizontalement, légèrement crochu et fendu très-profondément. Ces oiseaux vivent d'insectes qu'ils saisissent au vol, et sont éminemment voyageurs. Nous citerons parmi les principaux genres : les *martinets*, les *hirondelles*, les *engoulevents*.

Troisième famille. — Les *conirostres* ont un gros bec, plus ou moins conique et sans échancrure, et vivent de grains. Les principaux genres de cette famille sont : les *alouettes*, les *mésanges*, les *bruants*, les *moineaux*, les *corbeaux* et les *oiseaux de paradis*.

Quatrième famille. — Les *ténuirostres* ont le bec grêle, allongé, sans échancrure, tantôt droit, tantôt arqué, et vivent d'insectes et du suc des plantes. Les principaux genres sont : les *grimpereaux*, les *colibris*, les *huppes*.

Cinquième famille. — Les *syndactiles* se distinguent facilement des passereaux qui précèdent. Ces derniers ont tous le doigt externe plus court que celui du milieu et libre dans la plus grande partie de sa longueur, tandis que, dans la famille des syndactiles, le doigt externe, presque aussi long que celui du milieu, est uni à celui-ci jusqu'à l'avant-dernière articulation. Les principaux genres de cette famille sont : les *guépiers*, les *martins-pêcheurs* et les *calaos*.

§ 2. — 3e ORDRE. Les grimpeurs.

Caractères généraux des grimpeurs. — Les *grimpeurs* sont des oiseaux dont le doigt externe se dirige en arrière comme le pouce, d'où il résulte pour eux une grande facilité pour s'accrocher aux branches des arbres et y grimper. On voit aussi par là que leurs doigts sont partagés également : il y en a deux en avant et deux en arrière. Ils se nourrissent comme les passereaux, d'insectes et de fruits, suivant que leur bec est grêle ou fort. Cet ordre n'a qu'une famille dont les principaux genres sont : les *pics*, les *torcols*, les *coucous*, les *perroquets*, etc.

§ 3. — 4ᵉ ORDRE. Les gallinacés.

Caractères généraux. — Les oiseaux de l'ordre des *gallinacées* ont le bec court et voûté en dessus, les narines recouvertes en partie d'une pièce charnue, les pieds de grandeur médiocre et les doigts de devant réunis à leur base par une courte membrane. Leur corps est lourd et les ailes sont en général courtes. Ils vivent principalement de grains qu'ils avalent sans les écraser.

C'est à cet ordre qu'appartiennent presque tous nos oiseaux de basse-cour : les *pigeons*, les *paons*, les *dindons*, les *pintades*, les *faisans*, les *coqs*, les *poules*, les *lagopèdes* ou *perdrix de neiges*, les *cailles*, etc.

Questions.

1. Quels sont les caractères généraux des passereaux ? — Expliquez leurs cinq familles. — A quelles familles appartiennent les merles, — les hirondelles, — les mésanges, — les colibris, — les martins-pêcheurs ?

2. Quels sont les caractères généraux des grimpeurs ? — Nommez les principaux genres.

3. Quels sont les caractères généraux des gallinacés ? — Nommez les principaux genres.

LEÇON XL

SUITE DE LA ZOOLOGIE.

LES OISEAUX. — ÉCHASSIERS ET PALMIPÈDES.

§ 1. 5e ORDRE. Les échassiers.

Caractères généraux des échassiers. — Les *échassiers* ou *oiseaux de rivage* sont remarquables par la longueur de leurs jambes sur lesquelles ils paraissent montés comme sur des échasses. Ils ont le bas de la jambe nu ainsi que le tarse, le cou et le bec allongés, et les deux doigts externes réunis le plus souvent par une courte membrane. Les échassiers fréquentent pour la plupart les lieux aquatiques, et marchent à gué dans les ruisseaux et les marais pour y chercher leur nourriture, qui consiste en poissons et en reptiles, ou bien en vers et en insectes, suivant que leur bec est fort ou faible. Quelques-uns se nourrissent de graines et d'herbages, et vivent alors éloignés des eaux. Presque tous ont les ailes longues, et, lorsqu'ils volent, ils étendent les jambes en arrière, tandis que les autres oiseaux les replient sous le ventre.

Division des échassiers. — Les *échassiers* se divisent en cinq familles principales qui sont :

Première famille. — Les *brévipennes* sont des oiseaux à ailes trop courtes pour servir au vol, et qui manquent de pouce. Cette famille comprend deux genres : les *autruches* et les *casoars*.

Deuxième famille. — Les *pressirostres* sont des oiseaux, à bec médiocre et fort, à jambes hautes sans pouce ou dont le pouce est trop court pour toucher à terre

Les principaux genres de cette famille sont : Les *ou-tardes*, les *pluviers*, les *vanneaux* et les *huîtriers*.

Troisième famille. — Les *cultrirostres* sont des échassiers à gros bec, long et fort, et souvent tranchant et pointu. Ils ont en général un pouce assez développé. Les principaux genres de cette famille sont : les *grues*, les *hérons* et les *cigognes*.

Quatrième famille. — La famille des *longirostres* se compose d'échassiers à bec long, grêle et faible, qui n'est guère propre qu'à fouiller dans la vase pour y chercher les vers et les insectes. Les principaux genres qu'elle comprend sont : les *ibis*, les *courlis*, les *bé-casses*.

Cinquième famille. — Les *macrodactyles* sont des échassiers dont les pieds ont les doigs fort longs et ne présentent aucune trace de palmures. Les principaux genres sont : Les *jacanas,* les *râles*, les *foulques*, comprenant les *poules d'eau*, les *flamants*, etc.

§ 2. — 6ᵉ ORDRE. — Les palmipèdes.

Caractères généraux des palmipèdes. — L'ordre des *palmipèdes* renferme les oiseaux nageurs dont les doigts sont réunis par des palmures et dont les jambes sont conformées autrement que celles des échassiers. Leurs pieds, très-courts et placés à l'arrière du corps, sont faits pour la natation. Leur plumage, serré et imbibé d'un suc huileux, les garantit contre l'eau sur laquelle ils vivent. Leur cou est très-long et leur permet d'aller chercher dans la profondeur des eaux les animaux dont ils se nourrissent. Ils sont en général organisés pour le vol à longue haleine.

Cet ordre se divise en quatre familles, qui sont : les *plongeurs* ou *brachyptères*, les *longipennes*, les *toti-palmes* et les *lamellirostres*.

Première famille. — Les *plongeurs* sont des palmipèdes à ailes excessivement courtes et à pouce libre ou nul. Ces oiseaux ont les pattes tellement implantées en arrière, qu'ils sont obligés, lorsqu'ils sont à terre, de se tenir dans une position verticale. Ils volent à peine, mais ils plongent avec aisance et nagent parfaitement. Ils se divisent en trois genres principaux : les *plongeons*, les *pingouins*, les *manchots*, etc.

Deuxième famille. — Les *longipennes* sont des oiseaux de haute mer, remarquables par leurs ailes très-longues et par leur bec sans dentelures. Ils ont le pouce libre ou nul et leurs ailes aiguës et effilées. Les principaux genres de cette famille sont : les *pétrels*, appelés aussi *oiseaux des tempêtes*, les *albatros*, les *goëlands*, les *hirondelles de mer*, les *becs en ciseaux*.

Troisième famille. — Les *totipalmes* ont le pouce réuni avec les autres doigts dans une seule membrane. Ce sont presque les seuls des palmipèdes qui se perchent sur les arbres. Les genres les plus importants de cette famille sont : les *pélicans*, les *cormorans*, les *frégates*, etc.

Quatrième famille. — Les *lamellirostres* sont des palmipèdes à bec large, garni de lamelles ou de petites dents sur ses bords, à langue charnue, à pouce libre et à ailes de longueur médiocre; le bec est très-épais et revêtue d'une peau molle, plutôt que d'une véritable corne. Ces oiseaux vivent plus sur les eaux douces que sur les eaux salées, et se nourrissent d'insectes, de coquillages, de poissons, de graines et d'herbes. Les principaux genres de cette famille sont : les *cygnes*, les *oies*, les *canards* et les *harles*.

Questions.

1. Quels sont les caractères généraux des échassiers ? — En combien de familles les divise-t-on ? — A quelles familles appartiennent les autruches, — les pluviers, — les grues, les courlis, — les râles?

2. Quels sont les caractères généraux des palmipèdes ? Combien de familles ? — A quelles familles appartiennent les plongeons, — les pétrels, les pélicans, les cygnes ?

LEÇON XLI

SUITE DE LA ZOOLOGIE.

3ᵉ CLASSE. — LES REPTILES.

§ 1. — Notions générales sur les reptiles.

Caractères généraux. — Les *reptiles* sont des animaux vertébrés, ovipares, à respiration aérienne, à sang rouge et froid et à circulation incomplète, c'est-à-dire dont tout le sang veineux ne traverse pas les poumons et ne se transforme pas en sang artériel. Ces animaux ont une forme extrêmement variable ; ils ont généralement la tête petite, le corps allongé et les membres très-courts. Quelques-uns n'ont qu'une seule paire de pattes, et un assez grand nombre d'entre eux n'ont point de membres du tout, et ne se meuvent qu'en rampant ; d'où leur vient la dénomination de *reptiles*.

Habitude des reptiles. — Les reptiles ont généralement des habitudes paresseuses; ils passent l'hiver dans l'engourdissement, et lors même qu'ils ne sont pas endormis, ils ne prennent pas de nourriture. Leur peau n'est jamais revêtue ni de poils ni de plumes, comme chez les animaux à sang chaud; quelquefois elle est nue; mais le plus souvent elle est couverte d'écailles. Chez la plupart des reptiles, l'épiderme se renouvelle plusieurs fois dans l'année, et se détache tout d'une pièce; l'animal éprouve alors ce que l'on appelle une métamorphose.

Division des reptiles. — La classe des reptiles se divise en quatre ordres qui sont : les *tortues,* les *lézards,* les *serpents* et les *grenouilles,* et que les naturalistes désignent sous les noms de *chéloniens, sauriens, ophidiens* et *batraciens.*

REPTILES.

ANIMAUX VERTÉBRÉS, OVIPARES, A SANG FROID, Á CIRCULATION IN-COMPLÈTE, A RESPIRATION AÉRIENNE, A PEAU NUE OU COUVERTE D'ÉCAILLES; FORCE CONSIDÉRABLE DE REPRODUCTION DE CER-TAINES PARTIES DU CORPS; VIE TRÈS-DURE.

1er ORDRE.

Chéloniens.

CARACTÈRES GÉNÉRAUX.

Corps protégé par un test os-seux composé d'une carapace et d'un plastron; mâchoires revêtues d'une enveloppe cor-née tranchante; pieds au nom-bre de 4; démarche lente.

3e ORDRE.

Ophidiens.

CARACTÈRES GÉNÉRAUX.

Corps dépourvu de pattes; peau garnie d'écailles; des dents; des paupières fixes; gueule très-dilatable.

2e ORDRE.

Sauriens.

CARACTÈRES GÉNÉRAUX.

Corps sans test; peau garnie d'écailles à sa surface; des dents et une queue.

4e ORDRE.

Batraciens.

CARACTÈRES GÉNÉRAUX.

Peau nue et n'ayant d'écailles que dans son épaisseur; su-bissant des transformations ou métamorphoses dans lejeune âge.

§ 2. — 1er ORDRE. — Des chéloniens ou tortues.

Caractères généraux des chéloniens. — Divisions des chéloniens. — Les *chéloniens* se distinguent d'abord par une espèce de cuirasse solide ou *test*, dans laquelle leur corps est enveloppé. Ce test se compose de deux boucliers qui, unis seulement sur les côtés, laissent en avant et en arrière une ouverture assez large pour laisser passer la tête, le cou, les pattes et la queue de l'animal. Le bouclier dorsal ou supérieur, nommé *carapace*, est formé par les côtes soudées entre elles et avec les vertèbres du dos, et le bouclier inférieur ou *plastron*, est formé de plaques qui représentent le sternum. Ces deux enveloppes osseuses sont immédiatement recouvertes par la peau, laquelle est ordinairement garnie de grandes écailles. Ces reptiles ont la mâchoire dépourvue de dents et revêtue en général d'une substance cornée.

Les chéloniens ont la vie extrêmement dure; on en a vu qui ont continué à se mouvoir longtemps après avoir eu la tête tranchée. Ils sont très-stupides et se nourrissent généralement de végétaux. Ils peuvent passer des mois et des années sans manger.

Les tortues se divisent en tortues *de terre*, tortues *d'eau douce*, tortues *de mer*, tortues à *gueule* et *tortues molles*.

§ 3. — 2e ORDRE. Des sauriens ou lézards.

Caractères généraux des sauriens. — Division des sauriens. — Les *sauriens* ont le corps grêle, allongé et terminé par une queue très-longue; leurs membres sont le plus souvent au nombre de quatre et si courts, que le ventre de l'animal traîne à terre, leurs doigts sont armés d'ongles, et leur peau est couverte d'écailles ayant tantôt la forme de plaques, d'autres fois semblables à de petits grains; leur bouche, ordinairement grande, est toujours armée de dents. Leurs couleurs sont vives en général et peuvent, chez certains de ces animaux, changer d'un instant à l'autre. La plupart des sauriens sont essentiellement terrestres; il en est qui sont aquatiques. Ils se nourrissent de chair vivante et font la chasse aux petits mammifères, aux oiseaux, aux poissons, aux mollusques, suivant leur degré de force et de courage.

Cet ordre se divise en six familles, savoir : les *crocodiliens* ou *crocodiles*, les *lacertiens* ou *lézards*, les *iguaniens* ou *iguanes*, les *geckotiens* ou *geckos*, les *caméléoniens* ou *caméléons*, et les *scinkoïdiens* ou les *scingues*.

§ 4. — 3º ORDRE. Des ophidiens ou serpents.

Caractères généraux des ophidiens. — Leurs familles. — Les ophidiens sont des reptiles dont le corps, allongé et dépourvu de membres, se meut au moyen des replis qu'il fait sur le sol ; leur organisation ne diffère guère de celle des autres sauriens ; la différence la plus importante est le nombre considérable de vertèbres dont les ophidiens sont pourvus : chez quelques-uns, les serpents boas, par exemple, les vertèbres sont au nombre de trois cent cinquante ; ils ont aussi un grand nombre de côtes ; quelquefois on en trouve deux cent cinquante de chaque côté. Ils ont pour la plupart des yeux sans paupières distinctes, fixe et menaçants, et une gueule très-fendue et extrêmement dilatable. Ils se nourrissent de substances animales qu'ils digèrent lentement, et habitent en général les lieux obscurs, humides et chauds. Les ophidiens rampent, gravissent, s'accrochent, nagent, et s'élancent en faisant des bonds énormes.

Ils sont divisés en trois familles les *anguis*, les *vrais serpents* et les *serpents nus*.

C'est dans la famille des *vrais serpents* que se trouvent les *boas*, les *couleuvres*, serpents *non venimeux*, — les *crotales* ou *serpents à sonnettes*, les *vipères*, les *naias*, l'*aspic de Cléopâtre* et le *serpent à lunettes*, tous reptiles très-venimeux.

§ 5. — 4ᵉ ORDRE. Des batraciens ou grenouilles.

Caractères généraux des batraciens.—Leurs familles. —
Les batraciens sont des reptiles dont la peau est nue,
et qui n'ont ni carapace, ni écailles, ni ongles. Dans
leur jeune âge, ils ont des branchies qu'ils perdent en
général lorsque, plus tard, ils se métamorphosent en
reptiles. Les œufs des batraciens ont toujours une enveloppe molle et flexible : il en sort des petits qui
manquent de pieds et ressemblent beaucoup aux poissons par leur forme générale, ainsi que par l'existence
de branchies et par une longue queue. Ces êtres, qu'on
appelle *têtards*, se développent progressivent et éprouvent des transformations ou métamorphoses très-considérables dans leur structure interne.

Cet ordre se divise en deux grandes familles : les
batraciens anoures, qui sont sans queue, et les *batraciens urodèles*, qui ont une queue.

Les batraciens anoures ont quatre genres principaux :
les *grenouilles*, les *rainettes*, les *crapauds* et les *pipas*.

Les principaux genres de la famille des *urodèles* sont :
les *salamandres terrestres*, les *salamandres aquatiques*
ou *tritons*, les *protées* et les *sirènes*.

Questions

1. Quels sont les caractères généraux des reptiles? — Quelles sont leurs habitudes? — Comment les divise-t-on? — Faites-en le tableau.

2. Quels sont les caractères généraux des chéloniens? — Dites leur division.

3. Quels sont les caractères généraux des sauriens? — Nommez leurs six familles.

4. Quels sont les caractères généraux des ophidiens? — En combien de familles sont-ils divisés?

5. Quels sont les caractères généraux des batraciens? — En combien de familles sont-il divisés?

LEÇON XLII

SUITE DE LA ZOOLOGIE.

4ᵉ CLASSE. — LES POISSONS.

§ 1. — Notions générales sur les poissons.

Structure des poissons. — Les poissons sont des animaux vertébrés, ovipares, à sang froid, pourvus de nageoires et respirant par des branchies pendant toute la durée de leur vie. Ils ont la peau nue ou écailleuse et une queue terminée par une nageoire verticale. Leur bouche est en général armée de dents. La structure des poissons les rend éminemment propres à la natation. Plusieurs espèces sont pourvue d'une vessie remplie d'air, appelée *vessie natatoire*, qui sert à les faire monter ou descendre dans l'eau. Les membres sont réduits à des nageoires membraneuses, dont quelques poissons sont privés ; mais presque tous en ont un nombre plus ou moins grand ; les unes sont latérales et paires ; les autres sont médianes et impaires ; celles qui correspondent aux bras de l'homme se nomment *nageoires pectorales ;* elles sont fixées immédiatement derrière deux ou plusieurs ouvertures appelées *ouïes*, par lesquelles l'eau s'échappe, et qui sont placées derrière la tête ; celles qui représentent les pieds se nomment *nageoires ventrales.*

Les nageoires médianes sont verticales et impaires. On les distingue en *nageoires dorsales, nageoires anales* et *nageoires caudales*, suivant leur position, ou sur le dos, ou sous la queue, où à l'extrémité postérieure du corps. — Les nageoires sont soutenues à l'intérieur par de nombreux osselets appelés *rayons*. Ces rayons sont tantôt épineux, tantôt mous, c'est-à-dire qu'ils sont tantôt d'une seule pièce osseuse, et tantôt formés d'un grand nombre d'articulations. — Les branchies dont les poissons sont pourvus sont des espèces de franges qui sont cachées sous la peau, et que recouvre presque toujours une sorte de couvercle mobile ou battant, appelé *opercule*.

Les poissons sont des animaux stupides : ils ne sont doués que d'une sensibilité peu profonde. D'un naturel extrêmement vorace, ils se mangent entre eux; quelques-uns jouissent de la faculté singulière de développer l'électricité pour se défendre ou pour attaquer les animaux dont ils veulent faire leur proie.

Division des poissons. — Les poissons se partagent en deux grandes séries, d'après la nature du squelette, savoir : les poissons osseux et les poissons cartilagineux.

Les poissons osseux sont ceux qui ont un squelette pourvu d'arêtes, tandis que les poissons de l'autre série n'ont que de simples cartilages.

POISSONS.

ANIMAUX VERTÉBRÉS, OVIPARES, A SANG FROID, A CIRCULATION IN-
COMPLÈTE ; A RESPIRATION AQUATIQUE ; STUPIDES EN GÉNÉRAL ;
STRUCTURE PROPRE A LA NATATION.

Ils forment deux séries.

PREMIÈRE SÉRIE. — POISSONS OSSEUX.

Ces poissons ont un squelette pourvu d'arêtes osseuses.

1er ORDRE.

Acanthoptérigiens.

CARACTÈRES GÉNÉRAUX.

Mâchoire supérieure complète
et mobile; branchies en forme
de dents de peigne (caractères
communs aux 3 ordres sui-
vants) ; rayons osseux à la
nageoire dorsale antérieure.

3e ORDRE.

Malacoptérygiens
subrachiens.

CARACTÈRES GÉNÉRAUX.

Rayons mous; nageoires ventrales situées sous les pectorales.

5e ORDRE.

Lophobranches.

CARACTÈRES GÉNÉRAUX.

Branchies divisées en petites
houppes rondes disposées par
paires ; corps cuirassé.

2e ORDRE.

Malacoptérygiens
abdominaux.

CARACTÈRES GÉNÉRAUX.

Rayons mous ; nageoires ventrales fixées en arrière de l'abdomen.

4e ORDRE.

Malacoptérygiens
apodes.

CARACTÈRES GÉNÉRAUX.

Rayons mous; point de nageoires ventrales.

6e ORDRE.

Plectognathes.

CARACTÈRES GÉNÉRAUX.

Mâchoire supérieure immobile ;
os qui la forment soudés au
crâne.

DEUXIÈME SÉRIE. — POISSONS CARTILAGINEUX.

Ces poissons ont un squelette formé de simples cartillages.

7ᵉ ORDRE.

Chondroptérygiens à branchies libres ou sturioniens.

CARACTÈRES GÉNÉRAUX.

Point d'os maxillaires supérieurs, branchies libres par leur bord externe et ouvertes par une fente garnie d'un opercule.

8ᵉ ORDRE.

Chondroptérigiens à branchies fixes.

CARACTÈRES GÉNÉRAUX.

Branchies fixées à la peau par les deux bouts et ouvertes par plusieurs trous percés dans cette peau.

§ 2. — Série des poissons osseux.

Division des poissons osseux. — Les poissons osseux se subdivisent en six ordres : les *acanthoptérygiens,* les *malacoptérygiens abdominaux,* les *malacoptérygiens subrachiens,* les *malacoptérygiens apodes,* les *lophobranches* et les *plectognathes.*

Caractères des acanthoptérygiens. — Les poissons de l'ordre des *acanthoptérygiens* ont la mâchoire supérieure complète et mobile, et les branchies en forme de dents de peigne ; on les reconnaît aux rayons osseux qu'ils ont à la nageoire dorsale antérieure. Ils forment quinze familles naturelles, dont les plus importantes sont celles des *percoïdes,* des *mulloïdes* et des *scombéroïdes.*

1º La famille des *percoïdes* (ou des poissons qui ressemblent à la perche) comprend des poissons à corps oblong couvert d'écailles, ordinairement assez grandes ; leur museau ne s'avance pas au delà des lèvres et est privé d'écailles. L'*opercule* ou l'appareil qui recouvre les branchies est en général épineux ou dentelé. Les *perches* forment un des principaux genres de cette famille.

2° La famille des *mulloïdes* diffère de la précédente par la forme de la tête, par les larges écailles dont la tête et le corps de ces poissons sont recouverts, et par les deux longs barbillons qui pendent sous le menton. Tous ceux que l'on connaît ont le corps plus ou moins rouge ou jaune. Cette famille est formée principalement du genre *mulles,* connus vulgairement sous le nom de *rougets-barbets,* dont deux espèces se trouvent dans les mers d'Europe, savoir : le *rouget* et le *surmulet.*

3° La famille des *scombéroïdes* a un grand nombre de genres à petites écailles souvent imperceptibles, à corps lisse et à opercules non dentelés. Elle fournit les poissons dont la chair est des plus utile à l'homme, comme le *maquereau,* le *thon* et l'*espadon.*

Questions.

1. Qu'est-ce que les poissons? — Quelle est leur structure? — Donnez des détails à ce sujet.— Comment divise-t-on les poissons? — Faites un tableau de classification.

2. Comment divise-t-on les poissons osseux? — Quels sont les caractères généraux des acanthoptérygiens ? — Parlez des percoïdes, — des mulloïdes, — des scombéroïdes.

LEÇON XLIII

SUITE DE LA ZOOLOGIE.

POISSONS OSSEUX.

§ 1. — Ordre des malacoptérygiens abdominaux.

Caractères généraux et familles. — L'ordre des *malacoptérygiens abdominaux* se compose de poissons osseux dont les rayons des nageoires sont mous, et dont les nageoires ventrales sont fixées en arrière de l'abdomen. On les subdivise en cinq familles, savoir : les cyprinoïdes, les ésoces, les siluroïdes, les salmones et les clupes ou harengs.

1° La famille des *cyprinoïdes* comprend tous les poissons qui ressemblent aux carpes, et qui ont la bouche peu fendue, souvent dépourvue de dents, et le corps écailleux. Les *cyprins* forment un des principaux genres de cette famille.

2° Les *ésoces* ont une bouche grande et armée de dents fortes et pointues. Ce sont des poissons voraces dont plusieurs remontent dans les eaux douces. Les brochets sont un des principaux genres de cette famille.

3° Les *siluroïdes* ont la peau nue et dépourvue de véritables écailles. C'est à cette famille qu'appartient la *silure électrique* qui, comme la torpille, donne des commotions électriques.

4° Les *salmones* ont un corps écailleux et deux nageoires dorsales, dont la première est à rayons mous et la seconde est petite et *adipeuse*, c'est-à-dire formée simplement d'une peau remplie de graisse. Les *saumons* sont un des principaux genres de cette famille.

5º La famille des *clupes* n'a point de dorsale adipeuse. Les *harengs* constituent le genre le plus important de cette famille. Ils comprennent les *harengs proprement dits*, auxquels se rapportent les *sardines*, les *aloses* et les *anchois*.

§ 2. — Ordre des malacoptérygiens subrachiens.

Caractères généraux et familles. — L'ordre des *malacoptérygiens subrachiens* renferme les malacoptérygiens qui ont les nageoires ventrales placées sous les pectorales. Il se divise en quatre familles dont les principales sont les *galoïdes*, et les *pleuronectes*.

1º La famille des *galoïdes* se reconnaît aux nageoires ventrales aiguisées en pointe et attachées sous la gorge. Leur corps, médiocrement allongé, est couvert d'écailles molles peu volumineuses; et leur tête bien proportionnée, est privée d'écailles. Ces poissons vivent pour la plupart dans les mers froides, et fournissent à l'homme un aliment sain et abondant. C'est à cette famille qu'appartient le genre *morue*, dont l'espèce commune, de 70 centimètres à 1 mètre de long, est l'objet d'une pêche qui forme une des branches les plus importantes de l'industrie maritime. — Le genre *merlan*, dont les nombreuses espèces fréquentent nos côtes et sont recherchées par la légèreté de leur chair, appartiennent aussi à la famille des gadoïdes.

2º Les *pleuronectes*, vulgairement appelés *poissons plats*, sont des malacoptérygiens qui ont le corps très-comprimé et non symétrique, les deux yeux et les narines étant du même côté de la tête ; ils nagent dans une position oblique et quittent peu le fond de l'eau. C'est à cette famille qu'appartiennent la *plie*, la *limande* le *turbot*, la *barbue* et la *sole*, dont la chaire délicate est fort recherchée pour le service de la table.

§ 3. — Ordre des malacoptérygiens apodes.

Caractères généraux. — Genres importants. — L'ordre des *malacoptérygiens apodes* n'a qu'une seule famille, celle des *anguilliformes*, poissons à forme allongée, à peau épaisse et molle, peu écailleuse, et dépourvus de nageoires ventrales. Les genres les plus importants sont : les *anguilles*, le *congre*, les *murènes*, les *gymnotes*, dont une espèce, le *gymnote électrique*, est célèbre par la faculté qu'elle a de donner de violentes commotions à ceux qui la touchent, et aux poissons dont elle veut faire sa proie. Cette faculté s'épuise par l'exercice, et pour la reprendre l'animal a besoin de repos et de nourriture.

§ 4. — Ordre des lophobranches.

Caractères généraux. — Genres remarquables. — Les *lophobranches*, poissons à branchies, qui, au lieu d'avoir la forme de dents de peigne, se divisent en petites houppes rondes disposées par paires, sont de petite taille et ont le corps cuirassé par des écussons qui le rendent presque toujours anguleux.

Les genres les plus remarquables sont : les *hippocampes* ou *chevaux marins*, petits poissons de la Méditerranée qui se courbent en mourant et présentent après leur mort, dans la partie supérieure de leur corps, une certaine ressemblance avec l'encolure d'un cheval ; et les *pégases*, qui tirent leur nom de la forme de leurs nageoires pectorales, qui sont larges et étalées en éventail, et dont on trouve quelques espèces dans la mer des Indes, comme le pégase dragon, le pégase nageur et le pégase volant.

§ 5. — Ordre des plectognathes.

Caractères généraux. — Familles. — Les poissons des

ordres précédents avaient des mâchoires complètes et mobiles : ceux de l'ordre des plectognathes ont, pour caractères distinctifs, la mâchoire supérieure immobile et les os qui la forment soudés au crâne. Cet ordre se subdivise en deux familles : les *gymnodontes* et les *sclérodermes*.

1° Les *gymnodontes* sont des plectognathes qui ont les mâchoires garnies d'ivoire au lieu de dents. Un des principaux genres de cette famille sont les *diodons*, vulgairement appelés *orbes épineux* ou *hérissons de mer*.

2° Les *sclérodermes* ont des dents et la peau généralement âpre et revêtue d'écailles dures ou de pièces osseuses. Les *coffres* forment un des principaux genres de cette famille,

Questions.

1. De quoi se compose l'ordre des malacoptérygiens abdominaux ? — Faites-en connaître les familles.

2. De quoi se composent les malacoptérygiens subrachiens ? — Quelles en sont les principales familles ?

2. De quoi se composent les malacoptérygiens apodes ? — Genres principaux.

4. Caractères principaux des lophobranches. — Quels en sont les genres remarquables ?

5. Caractères généraux des plectognathes ? — Faites connaître les deux familles de cet ordre.

LEÇON XLIV

SUITE DE LA ZOOLOGIE.

POISSONS. — SÉRIES DE POISSONS CARTILAGINEUX.

§ 1. — Deux derniers ordres des poissons.

Caractères généraux. — Division. — Ces poissons, appelés aussi *chondroptérygiens*, se distinguent par la nature de leur squelette qui n'est jamais composé de véritables os, mais bien d'un cartilage homogène et demi-transparent, et par le défaut d'os maxillaires supérieurs, qui sont remplacés par des os analogues aux palatins. Cette série, bien moins nombreuse que la précédente, se divise en deux ordres, savoir : les *sturioniens* ou chondroptérygiens à branchies libres et les chondroptérygiens à branchies fixes.

Ordre des sturioniens, principal caractère. — Les poissons qui forment l'ordre des *sturioniens* ont, pour principal caractère, des branchies libres par leur bord externe et ouvertes par une fente garnie d'un opercule. Cet ordre ne se compose que d'une seule famille, dans laquelle on range les *esturgeons*. Ce sont des poissons dont le corps allongé est garni d'écussons osseux, disposés en plusieurs rangées longitudinales. Leurs œufs, salés, forment le *caviar*, aliment recherché dans quelques pays ; et leur vessie natatoire sert à préparer la colle de poisson ou l'ichthyocolle. Ces poissons remontent en grand nombre de la mer dans certains fleuves et y donnent lieu à des pêches importantes.

L'*esturgeon* ordinaire a deux mètres de long. Il fréquente les fleuves qui se jettent dans la mer Noire et dans la mer Caspienne. Il en est de même du grand *esturgeon*, qui est long de 4 à 5 mètres, et auquel nous devons la meilleure colle de poisson.

§ 2. — Ordres des chondroptérygiens à branchies fixes.

Division de l'ordre des chondroptérigiens. — Caractères généraux. — Dans les poissons de l'ordre des *chondroptérygiens*, les branchies, au lieu d'être libres dans la cavité respiratoire, sont fixées par les deux bouts et adhèrent à la paroi externe de cette cavité : elles sont ouvertes par plusieurs trous dans la peau.

Cet ordre se divise en deux familles, savoir : la famille des *sélaciens*, dont les mâchoires ont la forme ordinaire, et peuvent s'écarter et se rapprocher pour broyer les aliments, et celle des *cyclostomes*, dont les mâchoires sont soudées.

1° *Famille des sélaciens.* — La plupart des sélaciens sont pourvus, à la face supérieure de la tête, de deux ouvertures nommées *évents*, qui conduisent aux branchies et servent à la respiration de l'animal, lorsque sa gueule est obstruée. Nous citerons comme genres principaux : les *squales*, les *scies* et les *raies*.

2° *Famille des cyclostomes* ou *suceurs.* — Les cyclostomes, appelés aussi suceurs, ont une bouche en forme d'anneau. Ce sont les plus imparfaits des animaux vertébrés ; ils n'ont ni pectorales ni ventrales ; leur corps est allongé, et leurs branchies présentent l'apparence de bourses formées par la réunion de leurs faces. Les *lamproies* constituent le principal genre de cette famille : ce sont des poissons pourvus de sept ouvertures branchiales de chaque côté, et dont la peau se relève au-dessus et au-dessous de la queue, et forme une crête longitudinale qui tient lieu de nageoires. Leur langue a deux rangées de petites dents dans le sens de la longueur, et se meut en avant et en arrière ce qui donne à l'animal la faculté de s'attacher fortement aux pierres et aux autres corps solides, et de se fixer de même sur les autres poissons qu'il parvient à percer et à dévorer. On en connaît huit à dix espèces qui vivent, pour la plupart, dans les mers, et ne remontent les fleuves qu'à certaines époques.

Questions.

1. Comment appelle-t-on aussi les poissons cartilagineux ? — Quels sont leurs caractères généraux ? — Comment les divise-t-on ? — Qu'est-ce que les sturioniens ? — Détails. 2. Caractères généraux du dernier ordre. — Expliquez les sélaciens et les cyclostomes.

LEÇON XLV

SUITE DE LA ZOOLOGIE.

ANIMAUX ARTICULÉS.

§ 1. — Notions générales.

Structure des animaux articulés. — Cette grande division du règne animal se compose des animaux dont le corps est renfermé en entier dans une série d'anneaux placés à la file les uns des autres et articulés entre eux. Ces anneaux sont des portions de la peau qui présentent une dureté et une épaisseur plus ou moins considérables, et remplissent les mêmes fonctions que les os des animaux vertébrés; de sorte qu'ils constituent un squelette extérieur qui sert de gaîne aux parties molles internes du corps.

Le système nerveux des animaux articulés consiste en un double cordon noueux étendu du bout du corps à l'autre. Les organes des sens sont moins nombreux que ceux des animaux vertébrés, et quelquefois ils manquent totalement. En général, il existe des yeux et quelquefois un appareil auditif.

Il y a des animaux articulés qui sont dépourvus de membres, mais la plupart en possèdent un très-grand nombre : on n'en compte jamais moins de trois paires et quelquefois on en rencontre plusieurs centaines. Le tube digestif est toujours étendu d'une extrémité à l'autre du corps de l'animal, et la bouche est généralement armée de mâchoires se mouvant latéralement. Le sang est blanc en général; il est rouge chez les annélides; l'appareil circulatoire est rarement complet, et le mode de respiration varie extrêmement.

Division. — Les animaux articulés se subdivisent en

quatre classes, savoir : les *annélides*, les *crustacés*, les *arachnides* et les *insectes*.

§ 2. — Classe des annélides.

Caractères généraux. — Principaux annélides. — Les annélides ou les vers à sang rouge sont des animaux articulés qui ont le corps mou, allongé et divisé en un grand nombre d'anneaux, dont le premier, qui représente une espèce de tête, est à peine distinct des autres. Plusieurs sont dépourvus d'organes locomoteurs, et lorsque ces organes existent, ils ne consistent qu'en tubercules charnus et armés de soie roides et mobiles.

Ces animaux ont pour la plupart, à l'extrémité antérieure du corps, des taches noirâtres qui sont des espèces d'yeux; ils portent souvent sur la tête ou de chaque côté de la nuque, des filaments appelés *antennes* ou *tentacules*, qui paraissent servir au tact. Leur bouche est garnie, chez la plupart d'entre eux, d'une ventouse ou suçoir.

Les annélides diffèrent de tous les autres animaux invertébrés par leur sang, qui est rouge et qui circule dans un système complet d'artères et de veines. Leur respiration se fait par l'intermédiaire de la peau, ou de branchies plus ou moins développées. Presque tous ces animaux vivent dans l'eau, mais il en est qui restent enfouis dans la terre, ou renfermés dans des tubes solides dont ils ne sortent jamais. Tous paraissent être carnassiers.

On remarque parmi les annélides le *lombric terrestre* ou *ver de terre* et la *sangsue*.

§ 3. — Classe des crustacés,

Caractères généraux. — Principaux crustacés. — Les

crustacés sont des animaux dont la peau est revêtue
en général d'une croûte dure qu'ils quittent et renouvellent à certaines époques. Ils ont le sang blanc, et
respirent par des branchies. La tête de ces animaux
est tantôt distincte, tantôt confondue avec le thorax ;
elle porte presque toujours quatre antennes, deux
yeux et une bouche armée d'au moins six mâchoires.
Les pattes des crustacés sont ordinairement au nombre
de cinq ou de sept paires ; la première paire de ces organes se termine le plus souvent par une espèce de
pince, qui sert à l'animal à saisir sa proie. L'organe de
l'ouïe existe chez la plupart de ces animaux. Les crustacés se nourrissent de matières animales et vivent
presque tous dans l'eau.

Les principaux crustacés sont les *écrevisses*, les *ho-
mards*, les *langoustes*, les *crevettes*.

§ 4. — Classe des arachnides.

Caractères généraux. — Principales arachnides. —
On donne le nom d'arachnides aux animaux qui sont
construits sur le même plan général que les araignées.

Ils ont le sang blanc, les pattes articulées, au nombre de quatre paires, et la respiration aérienne ; elle
s'effectue par des sacs pulmonaires ou des trachées
communiquant au dehors, au moyen d'ouvertures
appelées *stigmates*. Leur appareil circulatoire est
formé d'artères, de veines et d'un cœur.

Ils ont le corps divisé en deux parties, savoir : une
première portion composée de la tête et du thorax réunis, et une seconde qui constitue l'abdomen. La portion antérieure porte les yeux, en général au nombre
de huit, la bouche, qui est garnie de divers appendices, et les pattes qui sont très-longues et terminées
par deux crochets. L'abdomen, en général mou et fixé

au thorax, ne donne attache à aucun indice locomoteur.

Parmi les araignées, on distingue les *tarentules*, les *scorpions*, les *faucheurs* ou *faucheux*, les *acarides*, le *lypte automnale* ou le *rouget*.

Questions.

1. Quelle est la structure des animaux articulés ? — Quelle remarque sur certains animaux articulés ? — En combien de classes divise-t-on les animaux articulés ?

2. Quels sont les caractères généraux des annélides ? — Pourquoi les annélides diffèrent-ils de tous les animaux invertébrés ? — Quels sont les principaux annélides ?

3. Quels sont les caractères généraux des crustacés? — Nommez les principaux crustacés.

4. Quels sont les caractères généraux des arachnides ? — Principales arachnides.

LEÇON XLVI

SUITE DE LA ZOOLOGIE.

(Suite des animaux articulés).

§ 1. — Classe des insectes.

Caractères généraux des insectes. — Cette classe est la plus nombreuse des animaux articulés. Elle contient plus de cinquante mille espèces, dont les formes extérieures ne varient pas moins que leurs mœurs.

Les insectes sont des animaux articulés, pourvus de pattes articulées, généralement au nombre de six, respirant par des trachées, et dont l'appareil circulatoire ne consiste qu'en un vaisseau dorsal tenant lieu de cœur, sans aucune ramification. Leur peau, dure et cornée en général, forme un squelette extérieur qui est divisé en un grand nombre d'anneaux. Leur corps se compose de trois parties distinctes : tête, thorax et abdomen. La tête supporte deux yeux composés, et en outre quelquefois des yeux lisses ou simples, et toujours des antennes au nombre de deux.

On appelle *antennes* des petites cornes situées généralement au-devant des yeux; le thorax ou *corselet* donne attache aux pattes et aux ailes, quand il y en a; celles-ci ne sont jamais au nombre de plus de quatre. L'abdomen ne porte point de membres; il se compose d'un certain nombre d'anneaux et présente souvent à son extrémité des instruments de forme diverse, tels que des crochets, des aiguillons, des pinces, des scies, etc.

Chez certains insectes non ailés, et pourvus d'au moins vingt-quatre paires de pattes, l'abdomen se confond avec le corselet et comme lui porte des pieds.

Les organes de l'ouïe et de l'odorat n'ont pu encore être observés chez ces animaux; on croit cependant qu'ils existent.

Transformations des insectes. — Tous les insectes ne naissent point tels que nous les voyons; avant d'arriver à leur état parfait, ils subissent, pour la plupart, divers changements ou métamorphoses. En sortant de l'œuf, tantôt ils présentent l'aspect d'un ver et sont dépourvus de pattes; d'autres fois, ils ont des pattes très-courtes; dans le premier cas, on les appelle *larves*, et, dans le second, *chenilles*. Après avoir vécu pendant un certain temps sous cet état de larves, l'animal se transforme en *nymphe* ou en *chrysalide* et devient immobile.

Beaucoup de larves, avant de passer à l'état de nymphe, se préparent avec divers matériaux, mais surtout avec de la soie qu'elles tirent de leur intérieur, un abri ou coque dans lequel elles se renferment. Après un certain temps dont la durée varie, la nymphe se fend et il en sort un insecte parfait.

Division des insectes. — Tous les insectes ne subissent pas ces divers changements. Il en est qui présentent, en naissant, la forme qu'ils doivent toujours conserver; on les appelle insectes *sans métamorphoses*; ce sont ordinairement ceux qui n'ont point d'ailes; d'autres naissent peu différents de ce qu'ils doivent devenir; leur larve ressemble à l'insecte parfait, à l'exception des ailes qui lui manquent, et leur nymphe offre seulement des rudiments de ces organes. On les nomme insectes à *demi-métamorphoses*. Il est enfin des insectes qui, en naissant, ne ressemblent en rien à l'animal parfait: ce sont les insectes à *métamorphoses complètes*. Ils sont successivement larves, nymphes, et enfin insectes.

§ 2. — Ordre des insectes.

Myriapodes. — L'étude des insectes est d'autant plus difficile que les ordres sont plus multipliés. Dans l'ordre des *myriapodes* ou des *mille-pieds*, comme on les appelle vulgairement, on remarque les *scolopendres*, insectes *aptères* (c'est-à-dire dépourvus d'ailes), qui ont une seule paire de pattes à chaque anneau du corps et qui fuient la lumière. On en connaît une espèce qui a près de 300 pattes.

Parasites. — **Suceurs**. — Les *poux*, de l'ordre des *parasites*, sont des insectes aptères et vivant sur d'autres animaux ; les *puces*, de l'ordre des *suceurs*, sont des insectes également aptères, ayant une bouche en forme de trompe et les pattes postérieures très-longues.

Coléoptères. — Les coléoptères sont des insectes dont les deux ailes supérieures forment des étuis cornés appelés *élytres* sous lesquels les deux inférieures viennent se replier en travers.

Les plus connus sont les *lampyres*, dont les femelles privées d'ailes répandent une lueur phosphorescente qui leur a fait donner le nom de *vers luisants*, les *scarabées*, les *cerfs-volants*, les *cantharides*, les *coccinelles* ou *bêtes à bon Dieu*.

§ 3. — Orthoptères. — Hémiptères. — Hyménoptères.

Dans l'ordre des *orthoptères* à ailes inférieures plissées en long et cachées sous les élytres, on trouve le *perce-oreille*, le *grillon*, les *sauterelles* et les *criquets*.

La *cigale*, les *pucerons*, la *cochenille* sont rangés dans l'ordre des *hémiptères*, insectes dont les ailes supérieures sont moitié cornées, moitié membraneuses ; quelquefois les ailes manquent chez les insectes, comme chez les *punaises*, qui ont le corps mou et aplati, et sucent le sang de l'homme pendant son sommeil.

Les *hyménoptères* ont les ailes membraneuses et veinées, et la bouche armée de mâchoires, comme les névroptères. La plupart de ces insectes forment des sociétés nombreuses qui travaillent en commun. Nous citerons, parmi les hyménoptères les plus intéressants: les fourmis, les guêpes et les abeilles.

§ 4. — Lépidoptères. — Diptères.

Les *lépidoptères*, connus plus généralement sous le noms de *papillons*, sont des insectes remarquables par la poussière écailleuse et colorée qui recouvre leurs ailes. Leurs larves, appelées *chenilles*, se construisent avec une matière soyeuse, une coque dans laquelle elles se renferment; elles se transforment ensuite en nymphes et sont appelées *chrysalides* : elles sont alors dans un état d'immobilité complet.

Les papillons se divisent en papillons *diurnes*, papillons *crépusculaires* et papillons *nocturnes*, suivant qu'ils volent le jour, le soir ou la nuit.

Les papillons nocturnes, que l'on désigne quelquefois sous le nom de phalènes, forment une famille très-nombreuse et se divisent en plusieurs tribus : la plus intéressante est celle des *bombycites*, qui contient le *bombyx*.

Le *bombyx du mûrier*, dont la chenille, connue sous le nom de ver-à-soie, fournit la soie, est, à l'état parfait, un papillon blanchâtre avec deux ou trois raies obscures et transversales, et une tache en forme de croissant sur les ailes supérieures. Sa chenille se nourrit de feuilles de mûrier et change quatre fois de peau avant de passer à l'état de chrysalide; elle a le soin de se construire, deux ou trois jours avant l'époque de sa métamorphose, un cocon dans lequel elle se renferme, et elle sort de cette coque soyeuse à l'état de papillon, après y avoir passé à peu près vingt jours. La chenille du bombyx du mûrier est originaire de la partie septentrionale de la Chine.

Les *cousins* et les *mouches* appartiennent à l'ordre des *diptères*, c'est-à-dire des insectes à deux ailes membraneuses et étendues, et qui ont une bouche en forme de trompe. Ils subissent des métamorphoses complètes.

Questions.

Quels sont les caractères généraux des insectes ? — Quelles transformations subissent les insectes ? — Tous les insectes subissent-ils les mêmes métamorphoses ?

2. — Que savez-vous des ordres des insectes ? — des myriapodes ? — des parasites ? — des suceurs ? — des coléoptères ?

3. Quels sont les caractères et les principaux genres des insectes orthoptères, — hémiptères, — hyménoptères ?

4. Qu'est-ce que les lépidoptères ? — Quelques détails sur les papillons, — Faites connaître le bombyx à mûrier, — A quel ordre appartiennent les cousins et les mouches ?

LEÇON XLVII

SUITE DE LA ZOOLOGIE.

ANIMAUX MOLLUSQUES.

§ 1. — Notions générales.

Caractères généraux des mollusques. — Les mollusques constituent le deuxième embranchement du règne animal. Ce sont des animaux dont le corps est mou, et qui n'ont ni squelette, ni membres articulés. Il existe chez presque tous les mollusques un développement de la peau qui recouvre le corps et que l'on nomme le manteau.

Différences entre les mollusques. — Ceux dont le manteau est simplement charnu, sans aucune matière dure sont appelés *mollusques nus*. Mais le plus souvent il se développe, dans l'épaisseur ou la superficie du manteau, un test calcaire nommé *coquille*, d'une ou plusieurs pièces ou valves; de là la dénomination de *testacés*, que l'on donne aux animaux à coquilles. Les coquilles sont dites *univalves* lorsqu'elles sont tout d'une pièce; *bivalves* quand elles sont composées de deux pièces; *multivalves*, lorsqu'elles sont formées de plus de deux pièces, soudées entre elles ou rapprochées et maintenues par le manteau.

Leur système nerveux se compose d'un certain nombre de masses médullaires dispersées dans les différentes parties du corps; leur sang est blanc et bleuâtre, et leur système circulatoire est complet. Destinés à vivre à l'air ou sous l'eau, les mollusques respirent ou par des poumons ou par des branchies. Les sens sont peu développés chez eux, mais leur

péau est très-sensible et pourvue d'organes susceptibles de s'allonger plus ou moins, appelés *tentacules*.

Ces animaux ont la vie très-dure et peuvent reproduire des parties considérables de leur corps lorsqu'elles ont été enlevées.

La forme de ces animaux varie beaucoup : les uns
ont une tête distincte, les autres en manquent. Il en
est qui sont pourvus de nageoires en forme d'ailes ;
d'autres enfin ont une espèce de pied charnu formé
par le dessous du corps et à l'aide duquel ils rampent sur le sol.

Division des mollusques. — Ces différences et quelques autres ont fait diviser l'embranchement des mollusques en trois classes, qui sont : les *céphalopodes*,
les *gastéropodes* et les *acéphales*.

§ 2. — Classe des céphalopodes.

Caractères généraux des mollusques céphalopodes. —
Les *céphalopodes* sont des mollusques qui ont le corps
en forme de sac, d'où sort une tête couronnée de
grands appendices charnus ou *tentacules*, sur lesquels
ils rampent. Leur organisation est la plus parfaite et
la plus compliquée. Ils sont tous marins et respirent
au moyen de bronchies. La plupart sécrètent une liqueur noire appelée *encre*, qu'ils expulsent à volonté
pour teindre l'eau qui les entoure et se soustraire
ainsi à la vue. Recueillie et desséchée, cette liqueur
fournit l'encre de Chine. Les animaux de cette classe
sont voraces, cruels et doués d'une force et d'une agilité extrêmes..

Principaux mollusques céphalopodes. — Les *poulpes*
sont des mollusques remarquables par leurs longs
bras, au nombre de huit, dont ils enlacent les animaux ; quelquefois même des nageurs imprudents ont

péri sous leurs horribles étreintes. Les *argonautes*, sont des animaux semblables aux poulpes, mais qui ont deux de leurs bras élargis à leur extrémité, qui leur servent de voile lorsque ces mollusques voguent à la surface de l'eau, tapis dans leurs grandes coquilles, d'une beauté et d'une délicatesse remarquable. Les *seiches* diffèrent des poulpes par leurs bras, au nombre de deux, et par une nageoire étroite qui borde leur sac dans toute sa longueur. Ils ont dans l'intérieur du corps une coquille ovale nommée *os de seiche*, qui s'emploie dans les arts à polir divers ouvrages ; l'encre de ces animaux est appelée *sépia* par les peintres. Les *nautiles*, ont aussi beaucoup de ressemblance avec les poulpes ; l'espèce commune est enveloppée dans une grande coquille bombée, qui présente un bel éclat nacré, et qui est employée à faire des vases qu'on garnit en métaux précieux.

§ 3. — Classe des gastéropodes.

Caractères des gastéropodes. — Les *gastéropodes* sont des mollusques qui ont une tête libre et mobile, et qui rampent sur un pied fait en forme de disque charnu et placé sous le ventre. On peut se faire une idée de la forme générale de ces mollusques en observant celle de la limace. Ils ont le corps allongé, et portent d'ordinaire au-dessus de la bouche deux ou quatre tentacules. Plusieurs sont absolument nus, d'autres ont une coquille. Leur respiration est tantôt aérienne, tantôt aquatique, et la disposition des organes respiratoires est très-diverse.

Ordre des pulmonés, principaux pulmonés. — Les gastéropodes forment une classe très-nombreuse et très-répandue sur la surface du globe. On les a divisés en plusieurs ordres, parmi lesquels nous remarquerons l'ordre des *pulmonés*.

Les gastéropodes pulmonés sont pourvus, non pas de branchies comme les autres mollusques, mais d'un poumon. Ils se divisent en deux familles : les *pulmonés terrestres*, dont la tête est presque toujours garnie de quatre tentacules et les *pulmonés aquatiques*, qui n'ont que deux tentacules. C'est aux *pulmonés terrestres* qu'appartiennent les *limaces*, les *colimaçons*, etc.

§ 4. — Classe des acéphales.

Caractères généraux des acéphales. — Les *acéphales* n'ont pas de tête distincte; leur bouche est cachée dans le fond du manteau, ouvert presque toujours par les deux bouts. Ce manteau est recouvert en totalité ou en partie par une coquille composée de deux valves, qui jouent l'une sur l'autre au moyen d'une charnière. Les branches sont de grands feuillets ou lames, placés des deux côtés immédiatement sous le manteau; enfin la partie inférieure du corps se prolonge en une masse charnue appelée pied, dont l'organisation est plus ou moins parfaite.

Principaux acéphales. — Cette classe renferme un très-grand nombre de mollusques à coquilles bivalves, parmi lesquels nous citerons les *huîtres*, les *arondes*, les *moules*, et les *tarets*.

Questions.

1. Quels sont les caractères généraux des mollusques? — Quelle différence remarque-t-on entre les mollusques? — Comment les divise-t-on?

2. Quels sont les caractères généraux des céphalopodes? — Principaux céphalopodes.

3. Quels sont les caractères généraux des gastéropodes? — Principaux gastéropodes.

4. Quels sont les caractères généraux des acéphales? — Principaux acéphales.

LEÇON XLVIII

SUITE DE LA ZOOLOGIE.

ANIMAUX RAYONNÉS OU ZOOPHTYES.

§ 1. — Notions générales.

Caractères généraux des zoophytes. — Dans ce dernier embranchement du règne animal se trouvent tous les animaux dont l'organisation est la plus simple. Tous ces êtres manquent de système nerveux ou n'en offrent que des apparences. Ils n'ont point d'organes particuliers pour les sens, pour la circulation et pour la respiration, et plusieurs ont une cavité digestive à une seule ouverture. Ils peuvent reproduire promptement les parties qu'on leur enlève.

La forme générale de leur corps affecte une disposition étoilée ou rayonnante, assez semblable aux pétales d'une fleur. Aussi les a-t-on appelés *zoophytes*, c'est-à-dire animaux-plantes.

§ 2. — Échinodermes. — Vers intestinaux.

Division des zoophytes. — Les zoophytes se divisent communément en cinq classes, savoir : les *échinodermes*, les *vers intestinaux*, les *acalèphes*, les *polypes* et les *infusoires*.

Échinodermes. — Les *échinodermes*, dont la peau coriace et épaisse est hérissée d'épines mobiles offrent souvent des organes pour la respiration, pour une circulation partielle et pour la locomotion. Ces animaux ont la plupart une cavité digestive à deux ouvertures. Les *astéries* ou *étoiles de mer* appartiennent à cette classe ; leur corps aplati, divisé en cinq branches, forme une étoile ; et si une branche est arrachée, elle est bientôt remplacée.

Vers intestinaux. — Les *vers intestinaux*, dont le corps allongé ressemble assez à celui des annélides, n'ont ni circulation bien distincte, ni organes spéciaux pour la respiration. Ils ont souvent une cavité digestive à deux ouvertures. Ces êtres ont cela de remarquable qu'ils ne peuvent vivre et se propager que dans l'intérieur du corps des autres animaux. On en trouve dans les intestins, dans le foie, dans le cerveau et dans presque toutes les parties du corps. On distingue parmi ces animaux, les *ascarides*, vers arrondis qui attaquent surtout les enfants ; et les *tœnias* ou *vers solitaires*, dont le corps, aplati comme un ruban et composé d'articulations, est extrêmement long et se termine par une tête carrée creusée de quatre petits suçoirs. Ces animaux acquièrent une longueur de plus de 7 mètres et vivent dans les intestins de l'homme.

§ 3. — Acalèphes. — Polypes. — Éponges.

Acalèphes et méduses. — Chez les *acalèphes* ou *orties de mer*, le corps, de forme ovale ou circulaire, est revêtu d'une peau fine produisant, par le contact sur celle de l'homme, une certaine irritation. Ce sont des animaux aquatiques, gélatineux, que l'on rencontre nageant dans la mer. Presque toujours, ils ont une cavité digestive à une seule ouverture. — Les *méduses* sont des masses gélatineuses qui ressemblent à des champignons ou à des ombrelles.

Polypes. — Les *polypes* sont de petits animaux gélatineux dont le corps est en forme de bourse et qui ont une bouche entourée de tentacules. Ces animaux, vivent pour la plupart, fixés par leur base ; ils sont susceptibles de croître par bourgeons et de donner ainsi naissance à des animaux composés ou agrégés. Ils ont une cavité digestive à une seule ouverture. Certains polypes sécrètent une matière pierreuse, d'un beau rouge, appelée corail, qui leur sert à construire des cellules pour s'y loger ou à former des tiges qui les fixent au sol. Les polypes qui produisent le corail habitent le fond de la mer et sont l'objet d'une pêche active sur les côtes de la Méditerranée.

Éponges. — Les *éponges* sont des corps marins, sans forme bien déterminées, qui vivent fixés sur les rochers. Leur intérieur est percé d'un grand nombre de canaux qui, pendant la vie de ces êtres singuliers, sont traversés par des courants d'eau. Les éponges communes se trouvent principalement dans les mers de la Grèce. On blanchit les éponges fines avec du chlore étendu d'eau, avant de les livrer au commerce.

§ 4. — Infusoires.

Infusoires. — Les *infusoires* sont de petits animaux également gélatineux que l'on découvre, à l'aide du microscope, dans les eaux dormantes. Ils sont appelés *infusoires*, parce qu'on les observe principalement dans les eaux qui tiennent en infusion des substances animales ou végétales. Ces animaux microscopiques ont une structure intérieure fort peu connue, parce qu'elle est difficile à observer.

Il faut rapporter à cette classe les *vibrions*, ces prétendues anguilles que l'on trouve dans le vinaigre et dans la colle ; et les *monades*, les plus petits de tous les animaux connus : on ne peut les observer qu'au microscope solaire, et alors ils paraissent comme des points qui se meuvent en tous sens avec beaucoup de vitesse. On en compte des milliers dans les moindres gouttes de toutes les infusions et de toutes les eaux stagnantes.

Conclusion. — Nous sommes arrivé au terme de la tâche que nous nous étions imposée. Que dire maintenant? sinon que tous nos regrets sont de n'avoir pu développer plus longuement les merveilles sans nombre que nous avons seulement indiquées. *Le Seigneur n'a fait qu'ouvrir la main, et il a rempli de bénédictions le ciel et la terre.*

Questions.

1. Quels sont les caractères généraux des animaux rayonnés? — Qu'est-ce qui les distingue surtout? — Comment les divise-t-on ?

2. Qu'est-ce que les échinodermes? — Quels animaux appartiennent à cette classe? — Qu'est-ce que les vers intestinaux? Quels sont ceux que l'on distingue?

3. — Qu'est-ce que les acalèphes ? — Quels animaux appartiennent à cette classe ? — Qu'est-ce que les polypes ? — Que faut-il remarquer sur certains polypes? — Que savez-vous des éponges?

4. Qu'est-ce que les infusoires ? — Que faut-il rapporter à cette classe?

FIN.

TABLE DES MATIÈRES

DE

L'HISTOIRE NATURELLE

ÉLÉMENTAIRE

HISTOIRE NATURELLE

PROPREMENT DITE

PREMIÈRE PARTIE. — **MINÉRALOGIE.**

HISTOIRE NATURELLE

SECONDE PARTIE. — BOTANIQUE.

HISTOIRE NATURELLE

TROISIÈME PARTIE. — ZOOLOGIE.

FIN.

F. AUREAU. — Imprimerie de Lagny.